Kohlhammer

Störungsspezifische Psychotherapie

Herausgegeben von
Anil Batra und Alexandra Philipsen

Weitergeführt von
Anil Batra und Fritz Hohagen

Begründet von
Anil Batra und Gerhard Buchkremer

Eine Übersicht aller lieferbaren und im Buchhandel angekündigten Bände der Reihe finden Sie unter:

 https://shop.kohlhammer.de/stoerungsspezifische-psychotherapie

Die Autorinnen und Autoren

Dr. (H) Susanne Wortmann-Fleischer leitet eine Praxis für ärztliche Psychotherapie in Wiesloch. Als Fachärztin für Psychiatrie und Psychotherapie war sie davor langjährig klinisch tätig, zuletzt als Oberärztin.

Ph.D. George Downing ist Klinischer Psychologe und ehemaliges Teammitglied der Kinderpsychiatrie am Hôpital Universitaire Pitié-Salpêtrière in Paris.

Dr. med. Christiane Hornstein ist Oberärztin und Leiterin des Mutter-Kind-Projektes am Psychiatrischen Zentrum Nordbaden.

Susanne Wortmann-Fleischer
George Downing
Christiane Hornstein

Postpartale psychische Störungen

Ein interaktionszentrierter
Therapieleitfaden

3., aktualisierte Auflage

Verlag W. Kohlhammer

Dieses Werk einschließlich aller seiner Teile ist urheberrechtlich geschützt. Jede Verwendung außerhalb der engen Grenzen des Urheberrechts ist ohne Zustimmung des Verlags unzulässig und strafbar. Das gilt insbesondere für Vervielfältigungen, Übersetzungen, Mikroverfilmungen und für die Einspeicherung und Verarbeitung in elektronischen Systemen.

Pharmakologische Daten, d. h. u. a. Angaben von Medikamenten, ihren Dosierungen und Applikationen, verändern sich fortlaufend durch klinische Erfahrung, pharmakologische Forschung und Änderung von Produktionsverfahren. Verlag und Autoren haben große Sorgfalt darauf gelegt, dass alle in diesem Buch gemachten Angaben dem derzeitigen Wissensstand entsprechen. Da jedoch die Medizin als Wissenschaft ständig im Fluss ist, da menschliche Irrtümer und Druckfehler nie völlig auszuschließen sind, können Verlag und Autoren hierfür jedoch keine Gewähr und Haftung übernehmen. Jeder Benutzer ist daher dringend angehalten, die gemachten Angaben, insbesondere in Hinsicht auf Arzneimittelnamen, enthaltene Wirkstoffe, spezifische Anwendungsbereiche und Dosierungen anhand des Medikamentenbeipackzettels und der entsprechenden Fachinformationen zu überprüfen und in eigener Verantwortung im Bereich der Patientenversorgung zu handeln. Aufgrund der Auswahl häufig angewendeter Arzneimittel besteht kein Anspruch auf Vollständigkeit.

Die Wiedergabe von Warenbezeichnungen, Handelsnamen und sonstigen Kennzeichen in diesem Buch berechtigt nicht zu der Annahme, dass diese von jedermann frei benutzt werden dürfen. Vielmehr kann es sich auch dann um eingetragene Warenzeichen oder sonstige geschützte Kennzeichen handeln, wenn sie nicht eigens als solche gekennzeichnet sind.

Es konnten nicht alle Rechtsinhaber von Abbildungen ermittelt werden. Sollte dem Verlag gegenüber der Nachweis der Rechtsinhaberschaft geführt werden, wird das branchenübliche Honorar nachträglich gezahlt.

Dieses Werk enthält Hinweise/Links zu externen Websites Dritter, auf deren Inhalt der Verlag keinen Einfluss hat und die der Haftung der jeweiligen Seitenanbieter oder -betreiber unterliegen. Zum Zeitpunkt der Verlinkung wurden die externen Websites auf mögliche Rechtsverstöße überprüft und dabei keine Rechtsverletzung festgestellt. Ohne konkrete Hinweise auf eine solche Rechtsverletzung ist eine permanente inhaltliche Kontrolle der verlinkten Seiten nicht zumutbar. Sollten jedoch Rechtsverletzungen bekannt werden, werden die betroffenen externen Links soweit möglich unverzüglich entfernt.

Bei diesem Werk handelt es sich um ein gemeinnütziges Modellprojekt der Dürr-Stiftung, Hamburg, und der Günter-Reimann-Dubbers-Stiftung, Heidelberg.

3., aktualisierte Auflage 2025

Alle Rechte vorbehalten
© W. Kohlhammer GmbH, Stuttgart
Gesamtherstellung: W. Kohlhammer GmbH, Heßbrühlstr. 69, 70565 Stuttgart
produktsicherheit@kohlhammer.de

Print:
ISBN 978-3-17-044989-3

E-Book-Formate:
pdf: ISBN 978-3-17-044990-9
epub: ISBN 978-3-17-044991-6

Geleitwort zur Buchreihe

Wer in die Vergangenheit blickt, stellt fest: Psychotherapie ist immer im Wandel.

Nach einer Phase der methodenspezifischen Diversifizierung spielen in der heutigen ambulanten und stationären Versorgung von Patientinnen und Patienten mit psychischen Erkrankungen störungsspezifische Behandlungsansätze eine zunehmende Rolle. In vielen Fällen sind diese verhaltenstherapeutisch geprägt und multimodal aufgebaut. Dabei werden nicht nur schulenübergreifend wirksame Behandlungskomponenten, sondern auch Erkenntnisse zu Basisvariablen der psychotherapeutischen Arbeit verwendet und integriert.

Die Reihe »Störungsspezifische Psychotherapie« hat die störungsspezifische Entwicklung bereits im Jahr 2004 aufgegriffen und bietet mittlerweile für über 20 Störungsbilder evidenzbasierte Manuale an. Klassische Themen wie die Therapie von Angst- oder Essstörungen, Suchterkrankungen oder Psychosen wurden um störungsspezifische Anleitungen für die Behandlung von Symptomen, Syndromen oder speziellen Fragestellungen (Tourettesyndrom, Adipositasbehandlung, Insomnie, stationäre Behandlungsbesonderheiten u.v.m.) ergänzt und durch einzelne Manuale zu Techniken und verwandten Methoden in der Psychotherapie (Achtsamkeitstraining, Hypnotherapie, Interpersonelle Therapie) erweitert.

Die Reihe »Störungsspezifische Psychotherapie« wurde 2004 begründet von Anil Batra und Gerhard Buchkremer, in der Folge weitergeführt von Anil Batra und Fritz Hohagen und mittlerweile herausgeben von Anil Batra und Alexandra Philippsen. Die Buchreihe wird fortlaufend erweitert und aktualisiert, wobei neue Techniken, alternative Vorgehensweisen und die aktuelle Studienlage berücksichtigt werden. Damit sollen die Bände psychotherapeutisch arbeitenden Ärztinnen und Ärzten, Psychologinnen und Psychologen in der praktischen Arbeit neben einer Einführung in die besondere Problematik verschiedener Erkrankungen auch konkrete Anleitungen, online abrufbare praxisnahe Tools sowie Techniken und Vorgehensweisen auch in therapeutisch herausfordernden Situationen zur Verfügung stellen.

Wir hoffen, Ihnen mit dieser Reihe hilfreiche Anregungen für die klinische Praxis geben zu können.

Anil Batra, Tübingen
Alexandra Philipsen, Bonn

Inhalt

Geleitwort zur Buchreihe		5
Online-Zusatzmaterialien		9
Inhaltsverzeichnis der Online-Zusatzmaterialien		9
Vorwort		13
Danksagung		15

A   Theoretische Grundlagen des Therapieprogramms

1	**Einleitung**		19
2	**Konzeptioneller Hintergrund des Therapieprogramms**		24
	2.1	Inhalte des Therapieprogramms	24
	2.2	Zielgruppe	24
	2.3	Gruppenziele	25
	2.4	Therapiebausteine	25
3	**Theoretische Grundlagen**		30
	3.1	Rollenbilder	30
	3.2	Entwicklungspsychologische Themen	31
	3.3	Wahrnehmung positiver Gefühle	36
	3.4	Stressfaktoren und Stressbewältigungsstrategien	37
	3.5	Krisenplan	38
	3.6	Konzept der Körperorganisation (»body organizing«)	38

B   Praktische Umsetzung des Therapieprogramms

4	**Struktur der Gruppe**		43
	4.1	Indikationen zur Gruppenteilnahme	43
	4.2	Ein- und Ausschlusskriterien	44
	4.3	Rahmenbedingungen	44
	4.4	Therapeutische Techniken	46

	4.5	Anforderungen an die Therapeuten	46
	4.6	Aufbau der Stunden	47
5	**Anleitung zur Durchführung des Therapieprogramms**		**50**
	5.1	Einstiegsrunde	50
	5.2	Besprechung der Übung zum Thema der letzten Stunde (Hausaufgabe)	50
	5.3	Thema der Stunde	51
	5.4	Übung zum Thema der Stunde	52
	5.5	Blitzlicht zum Abschluss	52
6	**Therapiestunden**		**54**
	1. Stunde: »Rollenbilder«		54
	2. Stunde: »Neugierde an der Beobachtung des Kindes wecken«		59
	3. Stunde: »Die Bedeutung der beschreibenden Sprache«		65
	4. Stunde: »Stressfaktoren«		71
	5. Stunde: »Stressbewältigungsstrategien«		79
	6. Stunde: »Kindlichen Signalen ein Echo geben (Matching)«		84
	7. Stunde: »Beruhigungstechniken«		89
	8. Stunde: »Wahrnehmung positiver Gefühle«		93
	9. Stunde: »Führen und Folgen«		97
	10. Stunde: »Erstellen eines Krisenplans«		104

C Verzeichnisse

Literatur **111**

Anhang **116**

Stichwortverzeichnis **119**

Online-Zusatzmaterialien

> Wichtige Informationen sowie den Link, unter dem die Online-Zusatzmaterialien verfügbar sind, finden Sie in am Ende von Kapitel 6 am Ende des Bands.

Das Zusatzmaterial enthält

1. fast alle im Buch abgedruckten Abbildungen und Arbeitsmaterialien,
2. weitere Materialien, die im Rahmen der Umsetzung des Therapieprogramms mit Erfolg eingesetzt werden können (z. B. Folien und Arbeitsblätter),
3. Videosequenzen zu verschiedenen Themenbereichen.

Die enthaltenen Materialien sind teils im PDF-Format (*) und teils im rtf-Format (#) abgespeichert. Letztere lassen sich gemäß der jeweiligen eigenen Praxiserfahrungen und -bedürfnisse individuell anpassen.

Inhaltsverzeichnis der Online-Zusatzmaterialien

Zu: B Praktische Umsetzung des Therapieprogramms
Informationsblatt »Themen der Müttergruppe« (#)

1. Stunde: »Rollenbilder«

- Arbeitsblatt »Rollenbilder« (*)
- Folie »Rollenbilder« (*)

2. Stunde: »Neugierde an der Beobachtung des Kindes wecken«

- Informationsblatt »Entwicklungsschritte der Kinder vom Säuglings- bis ins Kleinkindalter« (*)
- Arbeitsblatt »Signale meines Kindes« (*)
- *Videosequenz zum Thema der Stunde*

3. Stunde: »Die Bedeutung der beschreibenden Sprache«

- Informationsblatt »Beschreibende Sprache« (*)
- Arbeitsblatt »Beschreibende Sprache« (*)
- *Videosequenz zum Thema der Stunde*

4. Stunde: »Stressfaktoren«

- Informationsblatt 1 »Definition von Stress« (*)
- Informationsblatt 2 »Körperliche Reaktionen bei Stress« (*)
- Informationsblatt 3 »Vulnerabilitäts-Stress-Modell« (*)
- Informationsblatt 4 »Typische Stressverläufe« (*)
- Informationsblatt 5 »Typische Stressverläufe« (*)
- Arbeitsblatt »Meine persönlichen Stressfaktoren« (*)
- Folie 1 »Definition von Stress« (*)
- Folie 2 »Körperliche Reaktionen bei Stress« (*)
- Folie 3 »Vulnerabilitäts-Stress-Modell« (*)
- Folie 4 »Typische Stressverläufe« (*)
- Folie 5 »Typische Stressverläufe« (*)

5. Stunde: »Stressbewältigungsstrategien«

- Informationsblatt 1 »Stressbewältigung« (*)
- Informationsblatt 2 »Ansatzpunkte zur effektiven Stressbewältigung« (#)
- Arbeitsblatt »Meine persönlichen Bewältigungsstrategien« (*)
- Folie 1 »Stressbewältigung« (*)
- Folie 2 »Ansatzpunkte zur effektiven Stressbewältigung« (*)

6. Stunde: »Kindlichen Signalen ein Echo geben (Matching)«

- Informationsblatt »Kindlichen Signalen ein Echo geben (Matching)« (*)
- Arbeitsblatt »Kindlichen Signalen ein Echo geben (Matching)« (*)
- *Zwei Videosequenzen zum Thema der Stunde*

7. Stunde: »Beruhigungstechniken«

- Arbeitsblatt »Meine persönlichen Beruhigungstechniken im Umgang mit meinem Kind« (*)
- *Videosequenz zum Thema der Stunde*

8. Stunde: »Wahrnehmung positiver Gefühle«

- Informationsblatt »Wahrnehmung positiver Gefühle« (*)
- Arbeitsblatt »Wahrnehmung positiver Gefühle« (*)
- Folie »Wahrnehmung positiver Gefühle« (*)

9. Stunde: »Führen und Folgen«

- Informationsblatt »Führen und Folgen« (*)
- Arbeitsblatt »Führen und Folgen« (*)
- *Zwei Videosequenzen zum Thema der Stunde*

10. Stunde: »Erstellen eines Krisenplans«

- Arbeitsblatt »Mein persönlicher Krisenmanagementplan« (*)
- Folie 1 »Erste-Hilfe-Tasche« (*)
- Folie 2 »Mein persönlicher Krisenmanagementplan« (*)

Vorwort

Was bedeutet es für ein Kind, wenn seine Mutter unter einer psychischen Erkrankung leidet? Diese Frage ist erfreulicherweise in den letzten Jahren zunehmend in das Bewusstsein der Fachöffentlichkeit gerückt, und in Deutschland ist eine ganze Reihe von Initiativen und Projekten entstanden, in denen versucht wird, psychisch erkrankte Eltern und gleichzeitig auch ihre Kinder zu stärken.

Durch die neuere Bindungsforschung und durch die aktuellen neuropsychologischen Forschungsansätze wurde die fundamentale Bedeutung der Mutter-Kind-Beziehung in der Säuglingszeit und der frühen Kindheit für die weitere psychische Entwicklung unterstrichen. Psychische Störungen bei der Mutter können hier zu gravierenden Einschränkungen in der Mutter-Kind-Beziehung mit weitreichenden Folgen führen. Angesichts dieser Forschungsbefunde stellen die psychischen Störungen, die in zeitlicher Nähe zur Geburt eines Kindes auftreten, einen besonderen Brennpunkt des Interesses dar, denn hier haben wir die Möglichkeit, frühzeitig präventiv zu wirken, um die positiven Entwicklungschancen von Müttern und ihren Kindern zu wahren und auszubauen.

An manchen klinischen Zentren besteht bereits die Möglichkeit, psychisch erkrankte Mütter gemeinsam mit ihren Kindern aufzunehmen, um gemeinsam mit ihnen die Grundlage für eine positive weitere Entwicklung zu legen. Bis heute fehlten aber konkrete Vorschläge und Anleitungen, wie wir als Fachleute psychisch kranke Mütter und ihre Kindern wirksam unterstützen können: *Was können wir tun, und wie sollten wir die Zusammenarbeit konkret gestalten?*

Das vorliegende Manual »*Postpartale psychische Störungen. Ein Interaktionszentrierter Therapieleitfaden*« vermittelt uns – den ärztlichen, psychotherapeutischen, pädagogischen und pflegerischen Fachkräften, die mit psychisch kranken Müttern und ihren Kindern arbeiten wollen – in übersichtlicher Form ein klares Konzept, wie Hilfen möglich sind, und praktische Vorschläge, wie wir dabei gemeinsam vorgehen können.

Das Therapiemanual hat drei besondere Vorzüge:

- Es ist *innovativ*, indem therapeutische Methoden aus unterschiedlichen Traditionen zusammengeführt (z. B. Stressmanagement und interaktionszentrierte Ansätze) und mit neu entwickelten Methoden, wie z. B. der Videomikroanalyse, kombiniert werden;
- gleichzeitig ist es *empirisch fundiert*, es bezieht sich auf die Ergebnisse der Therapieforschung und integriert solche Behandlungskomponenten, die im Sinne eines evidenzbasierten Behandlungskonzeptes als empirisch validiert gelten und

für die Therapie mit psychisch kranken Müttern und ihren Kindern genutzt werden können,
- und schließlich ist das Manual spürbar getragen von einem *breiten klinischen Erfahrungshintergrund* und einem persönlich beteiligten Zugang zu den Patientinnen und ihren Kindern.

Es ist nicht nur auf postpartale Depressionen beschränkt, sondern es ist diagnoseübergreifend; das Programm kann im stationären und ambulanten Setting umgesetzt werden, und es kann von allen Berufsgruppen, die in der Eltern-Säuglingstherapie arbeiten und über das notwendige psychiatrisch-psychotherapeutische Hintergrundwissen verfügen, angewandt werden. Es ist somit ein breit einsetzbares Behandlungsmodell, das sich an den praktischen Bedürfnissen orientiert.

Das vorliegende Behandlungsmanual wurde im Rahmen des Projektes »Seelische Gesundheit von Mutter und Kind nach der Geburt am Psychiatrischen Zentrum Nordbaden Wiesloch« entwickelt und evaluiert. Ich hatte die Freude, dieses Projekt – das durch das hervorragende persönliche Engagement von Frau Dr. Hornstein in Gang gesetzt wurde – von Beginn an mit verfolgen zu können, und ich kann die Initiatorin des Projektes nur von Herzen dazu beglückwünschen, dass es ihr gelungen ist, sympathische und geistesverwandte Kolleginnen und Kollegen zu finden, die mit ihr zusammenarbeiten, um Mütter mit ihren Säuglingen in ihrer Entwicklung zu begleiten.

Fritz Mattejat

Danksagung

Gefördert wurde die Ausarbeitung des Manuals durch die Dürr-Stiftung, Hamburg, und die Günter-Reimann-Dubbers-Stiftung, Heidelberg, die das Mutter-Kind-Projekt am Psychiatrischen Zentrum Nordbaden ermöglicht haben. Die einzigartige, kollegiale Zusammenarbeit des Teams des Mutter-Kind-Projektes (Herr Frank Jourdan, Frau Maria Maisch, Frau Katharina Kramer, Dipl.-Psych. Simone Poppe, Sozialpädagogin Elvira Rave, Dr. [RA] Patricia Trautmann-Villalba, Dipl.-Psych. Isa Valentiner) machte die Entstehung des Manuals möglich. An der Konzeption und Ausarbeitung waren mit großem Engagement Frau Dr. phil. Dipl.-Psych. Simone Schenk und Frau Dipl.-Psych. Annette De Marco beteiligt. Für die vielfältigen praxisnahen Vorschläge und die kritische Durchsicht des Manuals danken wir Frau Dipl.-Psych. Annette Todtenhöfer. Frau Dr. phil. Eva Hédervári-Heller und Herr Prof. Dr. phil. Fritz Mattejat zeigten sich für klinische Supervision und wissenschaftliche Beratung unseres Projektes verantwortlich.

Unser herzlicher Dank gilt unserem Ärztlichen Direktor, Chefarzt Dr. Schwarz, der das Mutter-Kind-Projekt tatkräftig unterstützt hat und uns stets fachlich beratend zur Verfügung stand.

Susanne Wortmann-Fleischer
George Downing
Christiane Hornstein

A Theoretische Grundlagen des Therapieprogramms

1 Einleitung

Viele junge Mütter leiden nach der Geburt eines Kindes unter psychischen Beschwerden. Fast die Hälfte aller Mütter entwickelt in den ersten Wochen nach der Geburt eine kurze depressive Verstimmung, den postpartalen Blues oder die postpartale Dysphorie. Diese Verstimmung klingt im Allgemeinen innerhalb weniger Tage spontan ab. Nicht selten geht der postpartale Blues einer postpartalen Depression voraus. Eine länger anhaltende Depression entwickeln 10–15 % der Frauen innerhalb der ersten sechs Monate nach der Geburt eines Kindes. Die Frauen leiden neben typisch depressiven Symptomen, wie gedrückter, trauriger Verstimmung, Freudlosigkeit, Interesseverlust, Antriebsmangel und Konzentrationsstörungen, vor allem unter Erschöpfung, Schlaflosigkeit, Ängsten, Sorgen, Schuld- und Insuffizienzgefühlen, die ihr Kind betreffen. Etwa ein Drittel der depressiven Mütter (20–40 %) ist gequält von Zwangsgedanken, ihr Kind zu schädigen (Wisner et al. 1999). Viele Frauen sind beschämt und verzweifelt darüber, dass sie keine Zuneigung zu ihrem Kind empfinden können. Bei manchen Frauen entwickelt sich in der Depression eine Bindungsstörung zu ihrem Kind, das sie zunehmend ablehnen und nicht ertragen können (Kumar 1997). Angst- und Zwangsstörungen sowie Anpassungsstörungen manifestieren sich auch unabhängig von Depressionen in der Peripartalzeit. Psychotische Störungen entwickeln zwar nur ein bis zwei von 1000 Frauen nach der Geburt. Diese gehen jedoch oft mit Erregung und hoher affektiver Beteiligung einher und sind daher besonders dramatisch für die jungen Mütter, deren inadäquates Verhalten dem Baby gegenüber für Angehörige erschreckend und belastend ist. Auch diese Mütter beziehen ihre Kinder fast immer in ihre unrealistischen Gedanken und ihre gestörte Wahrnehmung ein (Übersicht z. B. bei Brockington & Kumar 1996, O'Hara 1996, Riecher-Rössler 1997).

Für Frauen mit einer erhöhten Vulnerabilität für psychische Störungen ist die Geburt eines Kindes ein Risikofaktor, der die psychische Störung auslösen kann. Die biologischen und hormonellen Umstellungen, die mit der Geburt verbunden sind, ebenso wie die psychischen Belastungen der frühen Mutterschaft sind bei prädisponierten Frauen für den Ausbruch der Erkrankungen verantwortlich. Eine traumatische Geburtserfahrung beeinflusst die Lebensqualität der Mutter und stellt einen Risikofaktor für postpartale psychische Störungen dar, insbesondere PTBS, Angst- und Zwangsstörungen sowie Depressionen. Aber auch Gefühle und das Verhalten der Mutter zu ihrem Neugeborenen werden beeinflusst (Weidner et al. 2023).

Die Auseinandersetzung mit dem neugeborenen Kind und mit den Anforderungen der frühen Mutterschaft prägt das Erscheinungsbild der postpartalen Störungen und findet sich in den Symptomen in unterschiedlicher Weise wieder. Im Übrigen unterscheiden sich die postpartalen Störungen nicht von psychischen Erkrankungen, die zu einem anderen Zeitpunkt auftreten. Spezifische pathogenetische Mechanismen lassen sich nicht identifizieren. Rezidivrisiko und Chronifizierungsgefahr bei unzureichender Behandlung kennzeichnen häufig den Verlauf und sind wichtige Parameter der Behandlung. Daher gehört auch in der Postpartalzeit die krankheitsspezifische, psychiatrisch-psychotherapeutische Behandlung zum Therapiestandard. Bei schweren psychischen Erkrankungen ist die Psychopharmakotherapie meist unverzichtbar und hat sich bewährt, weil sie den häufig verzweifelten jungen Müttern am schnellsten eine Erleichterung bringt und ihnen wieder einen Zugang zu ihrem Kind ermöglicht. Da einer medikamentösen Behandlung oft unbegründete Aversionen und Befürchtungen der Mütter entgegenstehen, sind Aufklärung und Gespräch mit Mutter und Vater in der Postpartalzeit unerlässlich.

Die Psychotherapie postpartaler psychischer Erkrankungen muss ebenfalls die spezifischen Anforderungen und Belastungen eines Lebensabschnittes einbeziehen, in dem fast alle Lebensbereiche neu organisiert und viele lieb gewordenen Gewohnheiten und Rollen aufgegeben oder neu definiert werden müssen. Dem entspricht eine tief greifende psychische Umorganisation, die nach Daniel Stern (1995) als Mutterschaftskonstellation bezeichnet wird. Er beschreibt drei innere Diskurse, die eine junge Mutter beschäftigen: den Diskurs mit der eigenen Mutter, den Diskurs mit sich selbst als Mutter und den Diskurs mit dem Baby.

Stern geht von psychobiologischen, insbesondere hormonellen Einflüssen aus, die die Sensibilität und die Strebungen junger Mütter so vorbereiten, dass sie irgendeine Form der Mutterschaftskonstellation entwickeln, während soziokulturelle Bedingungen, z.B. gesellschaftliche Erwartungen, entscheidend dafür seien, wie und ob die psychobiologischen Einflüsse zum Tragen kommen.

Die Konzeption der Mutterschaftskonstellation ist in einem biopsychosozialen Bezugssystem verankert, das auch den Krankheitsmodellen psychischer Störungen zugrunde liegt. Dies erlaubt die Annahme, dass krankheitsbedingte Veränderungen in biopsychosozialen Systemen auch auf die Mutterschaftskonstellation einwirken bzw. eine Störung der psychischen Organisation einer Mutter und ihrer Beziehung zum Kind Rückwirkungen auf die psychische Erkrankung hat. Das Konzept der Mutterschaftskonstellation bietet somit den geeigneten Rahmen für die Psychotherapie postpartaler Störungen.

Das vorliegende Gruppentherapieprogramm wurde für Mütter konzipiert, die im Zusammenhang mit der Schwangerschaft und Geburt eines Kindes psychisch erkrankt sind. Wir gehen davon aus, dass für die Frauen der Übergang in die Mutterschaft mit den typischen Anforderungen und Belastungen der spezifische Stressor war, der die Erkrankung auslöste. Daher haben wir die Mutterschaft ins Zentrum des Therapieprogramms gestellt mit dem Ziel, bei den Müttern Ressourcen zu fördern und ihnen Verhaltensstrategien zu vermitteln, die ihnen helfen, ihre Mutterschaft positiv zu erleben. Im Sinne einer Rückkopplung und Generalisierung werden die positiven Gefühle und Erfahrungen, die die Mütter z.B. in der Beziehung zu ihrem Kind erleben, zu einer Verbesserung ihres psychischen Befindens beitragen können.

Das Therapieprogramm integriert therapeutische Verfahren, die sich im Kontext der Behandlung unterschiedlicher psychischer Störungen, z. B. von Depressionen und Psychosen, bewährt haben, wie die kognitive Verhaltenstherapie, die interpersonelle Psychotherapie und die Psychoedukation. Die kognitiv-behaviorale und die interpersonelle Therapie wurden bereits auf die Behandlung postpartaler Depressionen adaptiert. Ihre Wirksamkeit ist inzwischen bestens belegt (Übersicht z. B. bei Stuart et al. 2003). Beide Verfahren sind auch im Gruppensetting angewandt worden und wurden erfolgreich bei der Behandlung depressiver Mütter eingesetzt (Milgrom et al. 1999, Klier et al. 2001) sowie bei Müttern, die in der frühen Mutterschaft neben Depressionen auch unter Angst und Anpassungsstörungen litten (Hofecker et al. 2003). Unklar ist jedoch, inwiefern sich die Psychotherapie über die Depressionsbehandlung hinaus auch auf die Mutter-Kind-Beziehung positiv auswirkt. Bei der kognitiv-behavioralen Gruppentherapie von Meager & Milgrom (1996) war dies nicht der Fall: Weder konnten die Mütter ihre Kinder besser wahrnehmen, noch war der Erziehungsstress für sie geringer geworden.

Einen positiven Einfluss auf die Mutter-Kind-Interaktion hatten dagegen solche Interventionen, die im Allgemeinen primär zur Therapie von Verhaltensregulationsstörungen im Säuglingsalter wie exzessivem Schreien, chronischer Unruhe, Schlafstörungen, Ess- und Gedeihstörungen (Zero to Three) eingesetzt werden. Bei einem Vergleich einer psychodynamischen Mutter-Säuglings-Therapie (Cramer 1995) und einer modifizierten Form kognitiver Verhaltenstherapie mit psychoedukativen Elementen, »Interactional Guidance« (McDonough 1993), zeigte sich kein Unterschied in ihrer Wirksamkeit (Robert-Tissot et al. 1996). Beide Interventionen führten nicht nur zu einer signifikanten Symptomverbesserung bei den Kindern, sondern es besserten sich auch die Beziehung der Mütter zu ihren Kindern und das Befinden der Mütter. Die mütterliche Sensitivität gegenüber den Kindern nahm zu, ihr intrusives Kontrollverhalten nahm ab, vor allem aber erlebten sich die Mütter positiver, glücklicher, aktiver und selbstbewusster, und dieser Therapieeffekt blieb am stabilsten. Die beiden interaktionszentrierten Interventionen wurden auch bei Müttern mit postpartalen Depressionen eingesetzt und mit einem nondirektiven Counseling und einer Kontrollgruppe verglichen (Cooper & Murray 1997). Auch bei depressiven Müttern zeigten sich zweierlei Therapieeffekte, im Vergleich zur Kontrolle war die Rückbildung der Depression rascher, und es veränderte sich die Einstellung der Mütter zu ihren Kindern positiv. Darüber hinaus zeigten die Kinder, deren Mütter rasch remittiert waren, häufiger eine sichere Bindungsbeziehung zu ihren Bezugspersonen.

Auch wenn die langfristigen Therapieeffekte in der Fünf-Jahres-Katamnese begrenzt waren (Cooper et al. 2003, Murray et al. 2003), gibt uns diese Studie doch einen Hinweis darauf, dass sich durch eine Mutter-Kind-zentrierte Intervention bei Müttern mit postpartalen Depressionen sowohl die Mutter-Kind-Beziehung bessern kann als auch die Depressivität der Mutter. Aus diesem Grund haben wir unser Therapieprogramm in eine interaktionszentrierte Intervention integriert. Wir gehen davon aus, dass auch Mütter mit anderen psychischen Erkrankungen als Depressionen von diesem Ansatz des Therapieprogramms profitieren. Für Mütter mit psychotischen Störungen liegen außer kasuistischen Mitteilungen (Hornstein

2003a) bisher keine Untersuchungen zu spezifischen psychotherapeutischen Interventionen vor.

Nach Schneider und Zietlow (2023) können spezifische Eltern-Kind-Interventionen und -Therapien störungsspezifische Behandlungen sinnvoll ergänzen; allerdings sind präventive und interventionelle Maßnahmen bisher unzureichend etabliert, obwohl sie die Belastung betroffener Eltern und Kinder reduzieren, die Lebensqualität verbessern und das Risiko transgenerationaler Transmission psychischer Erkrankungen minimieren können.

Die verhaltenstherapeutische psychoedukative Müttergruppe wurde von den Autoren am Psychiatrischen Zentrum Nordbaden entwickelt. Sie ist ein Teil eines Mutter-Kind-spezifischen Behandlungsprogramms für postpartal erkrankte Frauen, die gemeinsam mit ihrem Kind stationär aufgenommen werden. In die Konzeption eingegangen ist unsere Erfahrung bei der Behandlung von über 150 stationär und ambulant behandelten Patientinnen über einen Zeitraum von vier Jahren, wovon ein Drittel an psychotischen Störungen erkrankt war. Im Rahmen eines Drittmittelprojektes führen wir derzeitig eine umfassende Evaluation durch, einschließlich einer Halbjahreskatamnese.

Wir haben das Therapieprogramm in Aufbau und Inhalten den klinischen Behandlungsbedingungen angepasst. Diese unterscheiden sich von einem ambulanten Setting dadurch, dass vorwiegend schwer erkrankte oder bisher therapieresistente Patientinnen mit unterschiedlichen Diagnosen zur Behandlung kommen, vorwiegend mit depressiven oder psychotischen Störungen, für die ein niederschwelliges Angebot erforderlich ist. Es wird additiv zu der psychiatrisch-psychotherapeutischen Standardbehandlung angewandt. Bei der Konzeption von Dauer und Frequenz des Therapieprogramms – zehn Sitzungen in fünf Wochen – wurden gesundheitsökonomische Gesichtspunkte berücksichtigt. Ob dieser Kompromiss gelungen ist, wird eine künftige Effizienzuntersuchung zeigen können.

Ebenso ist die Durchführung des Gruppentherapie-Programms im ambulanten Setting bei leicht erkrankten Müttern möglich bzw. bei solchen mit Anpassungsstörungen an die Mutterschaft. Eine Modifikation des Settings hinsichtlich Anzahl und Frequenz der Therapiestunden ist dann zu empfehlen.

Die im Therapieprogramm vermittelten Therapiebausteine (▶ Kap. 2.4) sowie die therapeutischen Techniken (▶ Kap. 4.4) sind auf die Einzel- und Paartherapie übertragbar. Dies hat unsere Erfahrung gezeigt. Die im Gruppentherapieprogramm abgehandelten Themen wurden von uns im stationären Setting auch in der Einzeltherapie der Mütter, in der Paartherapie und in der Angehörigengruppe mit gutem Erfolg bearbeitet, wie die bisherigen Evaluationsergebnisse und die Akzeptanzbefragung gezeigt haben.

Väter spielen eine wichtige Rolle in der Schwangerschaft und Stillzeit, sowohl für die Partnerin als auch das Kind. Mit den gesellschaftlichen Veränderungen und zunehmender frühzeitiger Partizipation in der Betreuung bereits von Säuglingen rückt die Beziehung des Vaters zum Kind in den letzten Jahren zunehmend in den Fokus. Dabei gibt es immer mehr Evidenz dafür, dass Väter ebenso während der Schwangerschaft der Partnerin und vor allen Dingen nach der Geburt eines Kindes psychische Erkrankungen erleiden können. Da die Transition in die Vaterrolle eine große Veränderung im Leben eines Mannes ist, kann die Geburt eines Kindes ein

Lebensereignis darstellen, das zu einer erstmaligen psychischen Erkrankung beiträgt oder eine erneute Episode einer schon vorhandenen Erkrankung auslöst. Beispielsweise können Geburtskomplikationen auch die anwesenden Väter traumatisieren und Traumafolgeerkrankungen nach sich ziehen. Peripartale Angsterkrankungen und Depressionen betreffen wohl ungefähr 5 % aller Männer und können sich unter anderem negativ auf die Entwicklung der exponierten Kinder auswirken. Spezielle Screenings oder gar Behandlungsangebote für betroffene Männer sind noch sehr selten und wenig erforscht. Über die Prävalenz, Risikofaktoren und Behandlung anderer psychischer Erkrankungen bei den Vätern ist noch viel weniger bekannt, hier besteht großer Forschungsbedarf (Garthus-Niegel & Kittel-Schneider 2023). Erfahrungen im ambulanten Setting in den letzten Jahren zeigten, dass Väter von der Adaptierung der Gruppeninhalte auf die Vaterrolle sehr profitieren können.

Wir hoffen, dass wir mit dem vorliegenden Manual Kliniker und ambulant tätige Psychiater und Psychotherapeuten anregen und unterstützen können, bei postpartal erkrankten Frauen die spezifische Konstellation der frühen Mutterschaft in die Behandlung zu integrieren.

2 Konzeptioneller Hintergrund des Therapieprogramms

2.1 Inhalte des Therapieprogramms

Die Geburt eines Kindes gilt als die Situation im Leben einer Frau, die mit der größten Umstellung verbunden ist. Sie zwingt die Mutter zu einer tiefgreifenden Neuanpassung ihrer psychischen Organisation sowie aller Handlungsebenen. Die Mutterschaft ist somit die individuelle Problemsituation, auf die sich die therapeutischen Interventionen beziehen (Roder et al. 2002).

Das Therapieprogramm für Mütter mit psychischen Störungen hat zwei Schwerpunkte:

- die intraindividuelle Auseinandersetzung mit den Anforderungen, Rollenbildern und Stressoren der Mutterschaft,
- die interaktionale Unterstützung der Mutter-Kind-Beziehung.

In zehn Gruppenstunden werden die folgenden Themen durchgearbeitet:

- Rollenbilder,
- Wahrnehmung positiver Gefühle,
- Stressfaktoren,
- Stressbewältigungsstrategien,
- Krisenmanagement,
- Neugierde an der Beobachtung des Kindes wecken,
- Bedeutung der beschreibenden Sprache,
- kindlichen Signalen ein Echo geben,
- Beruhigungstechniken,
- Führen und Folgen.

2.2 Zielgruppe

Das Therapieprogramm ist für Patientinnen mit unterschiedlichen psychischen Störungen geeignet, die sich jedoch bei allen Teilnehmerinnen subjektiv und/oder objektiv auf die Beziehung zum Kind auswirken. Die Störung der mütterlichen Kompetenzen und der Mutter-Kind-Beziehung in der frühen Mutterschaft ist die gemeinsame Indikation für alle Teilnehmerinnen zur Aufnahme in die Gruppe. Somit können Patientinnen mit affektiven, psychotischen, Angst-, Zwangs- und Anpassungsstörungen einbezogen werden.

Nach Dorsch & Rohde (2016) können auch Väter postpartal psychische Probleme entwickeln, und zwar in erster Linie depressive Störungen. Dabei gibt es eine hohe Korrelation zwischen Depressionen der Mutter und der Auftretenswahrscheinlichkeit beim Vater sowie potenziellen Auswirkungen beim Kind, weshalb auch eine väterliche Depression erkannt und behandelt werden sollte.

Erfahrungen im ambulanten Setting in den letzten Jahren zeigten, dass Väter von der Adaptierung der Gruppeninhalte auf die Vaterrolle sehr profitierten.

2.3 Gruppenziele

Ziele des Therapieprogrammes sind die emotionale Entlastung der Mutter, die Auseinandersetzung mit ihrer Rolle als Mutter, die Vermittlung von Stressbewältigungsstrategien und konkreten Hilfen sowie die Förderung mütterlicher Kompetenzen. Durch die Sensibilisierung für kindliche Signale und Bedürfnisse und durch die Vermittlung entwicklungspsychologischer Kenntnisse sollen die Patientinnen zu Expertinnen ihrer Mutterschaft werden. Krankheitsauslösende und -aufrechterhaltende Belastungen sollen reduziert und die auf die Mutterschaft bezogene Symptomatik gebessert werden. Die Mütter sollen Ressourcen und Kompetenzen für das Krankheitsmanagement entwickeln, die zur Gesundung und Rückfallvorbeugung beitragen.

2.4 Therapiebausteine

Es werden Elemente aus der kognitiven Verhaltenstherapie, der Psychoedukation und der interpersonellen Psychotherapie übernommen, die sich bei der Behandlung affektiver und psychotischer Störungen als wirksame Therapieverfahren erwiesen haben (Übersicht z.B. bei Grawe et al. 1994, Hautzinger 1997, Schramm 1996, Wunderlich et al. 1996, Mojtabai et al. 1998, Hahlweg 2002). Diese Therapieelemente wurden auf die Behandlung postpartaler Störungen übertragen und an die spezifische Problemsituation der Patientinnen angepasst. Zusätzlich sind Elemente der Eltern-Kleinkind-Beratung und -Therapie integriert (Übersicht z.B. bei Dornes 1999). Diese interaktionszentrierte Therapieform basiert auf dem Grundlagenwissen über die frühkindliche psychische Entwicklung und wird zur Behandlung von Verhaltensproblemen und Regulationsstörungen in der frühen Kindheit (0–3 Jahre) eingesetzt (Übersicht z. B. bei Papoušek et al. 2004).

Die folgenden Therapiebausteine kommen zur Anwendung:

2.4.1 Stressmanagement

Entsprechend dem biopsychosozialen Entstehungsmodell affektiver Störungen bzw. dem Vulnerabilitäts-Stress-Modell schizophrener Störungen hängen Krankheitsausbruch und Krankheitsverlauf sowohl von der Interaktion biologischer, peristatischer und Verhaltensfaktoren als auch von individuellen Bewältigungskompetenzen ab.

Angelehnt an das Verhaltenstraining zur Stressbewältigung (Wagner-Link 1995) werden individuelle Stressfaktoren, die im Übergang zur Mutterschaft und in der Beziehung zum Kind aufgetreten sind, identifiziert und ein adäquates Stressmanagement vermittelt, um die Bewältigungskompetenzen der Patientinnen im Alltag mit dem Kind zu stärken.

Zusätzlich können achtsamkeitsbasierte Übungen in Stunden des Stressmanagements integriert werden, die Patientinnen eine Haltung von Präsenz im Hier und Jetzt sowie Akzeptanz und Annehmen mit allen Sinnen (visuell, auditiv, kinästhetisch, olfaktorisch, gustatorisch) im Alltag und insbesondere im Kontakt mit ihrem Baby vermitteln. Ein Übungsfeld hierfür ist z. B. auch die Babymassage (Anderssen-Reuster 2013). Es eignen sich Übungen wie z. B. Stehen, Nasser Sack oder Innere Achtsamkeit (Huppertz 2011). Die Einbeziehung von Achtsamkeit (engl.: »mindfulness«) in den Umgang von Eltern mit ihren Kindern kann einen Beitrag zur Verbesserung elterlicher Selbstregulation und Feinfühligkeit leisten. Seit 2007 sind vor allem im klinisch-psychologischen Setting Interventionen entstanden, die auf eine Verbesserung der Eltern-Kind-Beziehung durch die Vermittlung von Achtsamkeitstechniken abzielen. Dies wird als »Mindful Parenting« bezeichnet. Erste Studien aus dem anglo-amerikanischen Raum und den Niederlanden sprechen für die positive Wirkung elterlicher Achtsamkeit. Achtsamkeit bietet die Möglichkeit, Prozesse der Selbstakzeptanz, der emotionalen Regulation und der Aufmerksamkeitslenkung (vielleicht auch neurobiologisch) zu verändern. Das Konzept des Mindful Parenting transportiert dieses Veränderungspotenzial in die Eltern-Kind-Beziehung, wo es mit bidirektionaler Wahrnehmung und Akzeptanz (mit Bezug auf »Selbst« und »Kind«) Wirkung entfalten kann (Bröning & Brandt, 2022).

2.4.2 Psychoedukation

Die Psychoedukation wird als eine Behandlungsform der Sekundärprävention in der Medizin und Psychiatrie genutzt, um ergänzend zur Standardbehandlung das Verhalten der Patientinnen in einem gesundheitsfördernden Sinn zu beeinflussen. Zentrale Bestandteile der Psychoedukation sind die strukturierte Vermittlung präventiv relevanter Informationen durch den Therapeuten und der Einsatz behavioraler Elemente (Verhaltensmodelle) zur Umsetzung der vermittelten Inhalte in praktische Fertigkeiten. Die Erfahrung der »Edukationsteilnehmer« wird in den Lernprozess einbezogen und zielt auf eine pragmatische Problembewältigung (Buttner 1996).

In unserem Therapieprogramm werden die Mütter über die biopsychosozialen Entstehungsmodelle psychischer Störungen informiert, wobei der Zusammenhang zwischen der frühen Mutterschaft und dem Ausbruch der Erkrankung im Mittelpunkt steht. Wir klären auch über die Auswirkungen der Erkrankung auf die Alltagsbewältigung mit dem Kind auf (z. B. körperliche Erschöpfung, Schlafstörungen, Medikamenteneffekte) und entwickeln mit den Patientinnen einen individuellen Krisenplan zur Rezidivprophylaxe.

2.4.3 Unterstützung mütterlicher Kompetenzen

Für die Stunden mit entwicklungspsychologischen Themen haben wir uns am Modell der kommunikationsorientierten Eltern-Säuglings-Beratung und -Psychotherapie von Papoušek (1998) orientiert, dessen theoretische Grundlage von der entwicklungsfördernden Bedeutung der ungestörten Kommunikation/Interaktion zwischen Mutter und Kind ausgeht.

Unter den verschiedenen Formen der interaktionszentrierten Eltern-Kleinkind-Beratung/-Therapie haben wir uns auf diejenigen gestützt, die vorwiegend im Hier und Jetzt arbeiten und im Unterschied zu psychoanalytischen Verfahren am Verhalten der Mütter ansetzen und nicht an den intrapsychischen Konflikten und den daraus resultierenden interpersonalen Problemen in der Mutter-Kind-Interaktion. Hierzu zählt das Therapieprogramm von Cohen et al. (1999) unter dem Titel »Watch, wait and wonder«, in dem Eltern angeleitet werden, die von ihrem Kind initiierten Aktivitäten zu beobachten und zu akzeptieren, um ein Verständnis für die kindlichen Bedürfnisse zu gewinnen. Ebenso haben wir uns den verhaltenstherapeutischen Ansatz von McDonough (1993) zu Nutze gemacht, die in ihrer »interaction guidance« genannten Therapie videographierte Interaktionen von Mutter und Kind verwendet, um Mütter in ihrer Fähigkeit zu unterstützen, auf kindliche Signale adäquat zu reagieren. Zudem setzen wir videomikroanalytische Techniken ein (Übersicht z. B. Downing 2003), die in unterschiedlichen therapeutischen Situationen der Eltern-Kleinkind-Therapie erfolgreich angewandt werden (Papoušek 2000, Ziegenhain et al. 1999, Thiel-Bonney et al. 2002, Beebe 2003, Downing 2004). Hierbei werden videographierte Mutter-Kind-Interaktionen in kleinste Frequenzen im Sekundenbereich aufgeschlüsselt, die paradigmatisch für die ständigen Anpassungs- und Regulierungsprozesse sind, die im Alltag das Verhalten zwischen Mutter und Kind prägen. Nach Downing (2015) können darüber hinaus mit Hilfe videographierter Interaktionen die Mentalisierungsfähigkeiten eines Patienten, eines Elternteils verbessert werden. In der Video-Interventions-Therapie (VIT) kommen unterschiedliche Mentalisierungstechniken wie z. B. die einfache Reflektion (Therapeut führt), einfache Reflektion (Patient führt) oder dem Baby eine Stimme geben zur Anwendung. Das Konzept der Mentalisierung wurde in 1990er Jahren von Peter Fonagy, Howard Steele, Miriam Steele und Mary Target entwickelt (Fonagy et al 1991, Fonagy 2008). Mentalisierung beinhaltet zwei

Aspekte: Ein Aspekt ist die Fähigkeit, die eigenen subjektiven Zustände (Gedanken, Gefühle, Intentionen, Körperempfindungen, Verbindungen untereinander und das Handeln) zu unterscheiden und für sie eine Sprache zu finden (»self-mentalization«). Der andere Aspekt ist die Fähigkeit, geeignete Hypothesen über die subjektiven Zustände eines anderen zu bilden, die seine Gedanken, Gefühle etc. betreffen, sowie die Verbindungen und das Verhalten innerhalb der Umwelt (»other mentalization«) (Downing 2015).

Wir greifen den verhaltenstherapeutischen Ansatz der interaktionszentrierten Eltern-Kleinkind-Beratung/-Therapie auf und nutzen die videomikroanalytische Technik, um am Beispiel gelungener Mutter-Kind-Interaktionen durch Modelllernen, Bewusstmachen und Identifikation die mütterlichen Kompetenzen und sozialen Fertigkeiten in der frühen Interaktion mit dem Kind zu fördern, die Mentalisierungsfähigkeit zu unterstützen und den Müttern dadurch Selbstsicherheit und Selbstwertgefühl zu vermitteln.

2.4.4 Rollenwechsel und Übergang in die Mutterschaft

Der Übergang in die Mutterschaft ist mit einem umfassenden Rollenwechsel und häufig auch mit Rollenverlusten verbunden. Da in dieser Lebensphase die psychische Erkrankung aufgetreten ist, ist es ein Ziel der Gruppentherapie, die Bewältigung des Rollenwechsels zu unterstützen. Daher haben wir aus der interpersonellen Psychotherapie den Therapiebaustein »Arbeit an Rollenwechseln und Übergängen« in unser Therapieprogramm integriert (Schramm 1996). Wir nutzen den klärungsorientierten Ansatz, um mit den Patientinnen Rollenerwartungen zu identifizieren, zwischen Eigen- und Fremderwartung zu differenzieren und um inkorrekte oder stereotype Annahmen über ihre neue Rolle als Mutter zu korrigieren. Emotionen und Kognitionen, die mit dem Verlust der alten Rolle verbunden sind und die den Übergang in die neue Rolle erschweren, kommen zur Sprache, um eine positivere Bewertung der Mutterrolle zu erarbeiten und Selbstwertgefühl aufzubauen. Den Patientinnen werden realistische Einschätzungen und soziale Fertigkeiten vermittelt, die ihnen helfen, den neuen Anforderungen gerecht zu werden und Rollenkonflikte zu lösen. Sie werden beim Aufbau sozialer Unterstützungssysteme gefördert (Schramm 1996).

2.4.5 Strategien zur Bewältigung negativer Gefühle

Durch die krankheitsbedingten Beeinträchtigungen intuitiver mütterlicher Kompetenzen machen psychisch kranke Frauen zahlreiche negative Erfahrungen im alltäglichen Umgang mit ihrem Kind. Diese Erfahrungen sind begleitet von negativen Kognitionen und Emotionen. Behaviorale und kognitive Therapieelemente wurden ausgewählt, um die Mütter beim Aufbau von Coping-Strategien zu unterstützen. Dem Therapieprogramm »Coping with Depression Course« (Lewinsohn et al. 1984) wurde der Therapiebaustein »Planung positiver Aktivitäten« entnommen.

Im Sinne der Depressionstheorie von Beck (1992), nach der Kognition, Handeln und Gefühle sich wechselseitig beeinflussen, werden positive Aktivitäten und Kognitionen erarbeitet, um positive Gefühle zu verstärken.

Inhaltlich sind beide Therapiebausteine auf die Situation der Mutterschaft und auf die Beziehung zum Kind zentriert, d.h., der Alltag mit dem Kind soll zur positiven Verstärkung genutzt werden, um dysfunktionale Gedankenprozesse und verzerrte Wahrnehmungen und Einstellungen im Umgang mit dem Kind zu korrigieren.

3 Theoretische Grundlagen

3.1 Rollenbilder

Der Rollenübergang in der Postpartalzeit bedeutet für eine Frau nicht nur das Hineinwachsen in eine neue Rolle, sondern auch eine umfassende Veränderung der Rollen ihres sozialen Bezugssystems, die ihr erhalten bleiben. Andere Rollen, wie z. B. die der Berufstätigkeit, müssen aufgegeben oder reduziert werden. Der Wechsel innerhalb eines Rollenbildes kann auf subtile Weise als Verlust erlebt werden, wie z. B. der Verlust von persönlicher Freiheit und Selbstbestimmung durch die ständige Verfügbarkeit für das neugeborene Kind. Die Rollen, die ein Mensch in seinem sozialen Bezugssystem ausfüllt, sind eng verbunden mit einem Teil des Selbst. Zu den Rollenkompetenzen eines Menschen gehört die Gabe, Erwartungen der Umwelt an sein soziales Verhalten innerhalb der verschiedenen Rollenkontexte erfüllen zu können. Die Voraussetzung dafür ist die Fähigkeit, Rollenerwartungen zu identifizieren, eigene Kompetenzen und Fertigkeiten realistisch einzuschätzen sowie befriedigende soziale Unterstützungssysteme aufbauen zu können. Interpersonelle Beziehungen müssen rollenkongruent gestaltet werden, um Rollenkonflikte zu vermeiden. Der Rollenübergang kann somit als Bedrohung des Selbstwert- und Identitätsgefühls erlebt werden. Erlebnisse von Rollenverlust und Versagen führen zu depressiver oder ängstlicher Verstimmung (Übersicht z. B. bei Schramm 1996).

Das Charakteristische des Rollenübergangs in der Postpartalzeit ist unter dem Begriff Mutterschaftskonstellation von Daniel Stern (1995) überzeugend beschrieben worden. Nach Stern erfüllt die Frau in diesem einzigartigen Lebensabschnitt eine einzigartige kulturelle Rolle und eine einzigartige und unverzichtbare Funktion für das Überleben ihres Kindes. Zu den psychologischen Aufgaben der Postpartalzeit gehören die Auseinandersetzung und Anpassung einer Mutter an das reale Baby sowie der Abschied von den inneren Repräsentanzen des imaginierten Wunschbabys. Das Identitätsgefühl einer Frau entwickelt sich weg von dem Zustand, die Tochter ihrer Mutter zu sein, dahingehend, die Mutter ihres Babys zu sein. Aus der Zweisamkeit mit dem Partner hat sie die Aufgabe, die triadische Beziehung zwischen Mutter, Vater und Kind zu schaffen.

Stern definiert vier Themenkreise, die die psychische Aktivität einer jungen Mutter in hohem Maße in Anspruch nehmen.

1. Das Thema des Lebens und Wachstums (»Kann ich das Überleben und Gedeihen des Babys gewährleisten?«).
2. Das Thema der primären Bezogenheit (»Kann ich eine für mich selbst authentische Beziehung zu meinem Baby aufnehmen?«).
3. Das Thema der unterstützenden Matrix (»Werde ich das Unterstützungssystem schaffen und tolerieren können, das zur Erfüllung dieser Funktion notwendig ist?«).
4. Das Thema der Reorganisation und Identität (»Werde ich in der Lage sein, meine Selbstidentität so zu transformieren, dass ich diese Funktion unterstützen und fördern kann?«).

Jedes dieser Themen umfasst laut Stern (1995) eine organisierte Gruppe von Ideen, Wünschen, Ängsten, Erinnerungen, die auf die Gefühle der Mutter, ihre Handlungen, Interpretationen, interpersonellen Beziehungen und andere adaptive Verhaltensweisen Einfluss nehmen.

Das empathische Verständnis für die Psychodynamik der Mutterschaftskonstellation, die mit dem Rollenübergang und dem Wechsel korrespondiert, ist eine wichtige therapeutische Rahmenbedingung, aus der heraus der Therapeut sich als unterstützende Matrix zur Verfügung stellt. Er vermittelt der Mutter Bestätigung, Unterstützung und Anerkennung, damit sie ihre mütterlichen Kompetenzen entdecken und weiterentwickeln kann. Hierfür ist die explizite Arbeit auf der Ebene der Repräsentanzen, d.h. der inneren Vorstellungen einer Mutter, offensichtlich nicht erforderlich, wie ein Vergleich zwischen einem psychoanalytischen und einem verhaltenstherapeutischen Ansatz gezeigt hat (Robert-Tissot et al. 1996). Auch Therapieformen, die am Verhalten ansetzen, verändern das Selbstwertgefühl einer Mutter und ihre Sensitivität in der Interaktion mit dem Kind und damit auch die Beziehungsrepräsentanzen.

3.2 Entwicklungspsychologische Themen

Die entwicklungspsychologischen Themen, die in der Gruppentherapie zur Sprache kommen, beziehen sich auf die entwicklungsfördernde Bedeutung der frühen Mutter-Kind-Interaktion. Aus der Säuglings- und Kleinkindforschung ist bekannt, dass Neugeborene und Säuglinge bereits über eine gut entwickelte Wahrnehmungs- und Integrationsfähigkeit verfügen, die es ihnen ermöglicht, die Beziehung zu ihrer Umwelt mitzugestalten. Aus dem angeborenen Bedürfnis des Babys nach Kommunikation heraus und aufgrund seiner Beziehung zur Umwelt und deren Exploration ist es in der Lage, Interaktionen zu seinen Eltern zu initiieren und Zusammenhänge zwischen seinem Verhalten und den Reaktionen der Interaktionspartner herzustellen. Solche »Kontingenzerfahrungen« ermöglichen erste Wahrnehmungen von Kausalität und Selbstwirksamkeit. Ebenso verfügt der Säugling über eine angeborene Wahrnehmung von Affekten in Stimme, Mimik

Abb. 3.1: Erziehung im Wandel der Zeit (Marcks 2002)

und zeitlichem Ablauf mit seinem Interaktionspartner und ist in der Lage, seine eigene Erregung zu registrieren und sich mit Lautgebung und motorischen Reaktionen seiner Umwelt mitzuteilen. In den alltäglichen, sich wiederholenden Interaktionen mit seinen Bezugspersonen bilden sich beim Säugling Erwartungshaltungen und ein Erfahrungshintergrund als Vorläufer der kindlichen Persönlichkeitsentwicklung (Übersicht z. B. bei Dornes 1993, Stern 1992).

Dem Bedürfnis des Säuglings nach Kommunikation und Interaktion entsprechen elterliche Verhaltensmuster, die der entwicklungsabhängigen Wahrnehmungs- und Integrationsfähigkeit des Säuglings entsprechen. Diese Verhaltensweisen der elterlichen Fürsorge unterstützen bei den alltäglichen Abläufen zur Befriedigung der physiologischen Grundbedürfnisse die Entwicklung von Aufmerksamkeit, von Affektregulation, von Kommunikation und Sprache sowie von Vorläufern der interpersonalen Bindung (Übersicht z. B. bei Papoušek 1994).

Psychische Erkrankungen gefährden die elterliche Fähigkeit, sich uneingeschränkt auf die Kommunikation mit ihrem Kind einzulassen, und beeinträchtigen häufig das intuitive Elternverhalten. In zahlreichen Untersuchungen von Frauen mit postpartalen Depressionen sind mütterliche und kindliche Verhaltensauffälligkeiten sowie Mutter-Kind-Interaktionsstörungen beschrieben worden (Übersicht z. B. bei Papoušek 2001). Weiterhin konnte nachgewiesen werden, dass vor allem die Qualität der frühen Mutter-Kind-Beziehung unabhängig von additiven Risikobelastungen einen wesentlichen Beitrag für spätere Verhaltensauffälligkeiten sowie emotionale und kognitive Entwicklungsverzögerungen von Kindern depressiver Mütter leistet (Laucht et al. 1994). Weinberg & Tronick (1998) konnten zeigen, dass nach Simulation einer depressiven Symptomatik durch die Mutter die Kinder auch bei nicht pathologischem Verhalten der Mutter gestresst und zurückhaltend gegenüber mütterlichem Verhalten blieben. Schließlich zeigte sich, dass konstitutionell vulnerable Neugeborene, die durch ihre erhöhte Irritierbarkeit oder durch diskrete motorische Koordinationsauffälligkeiten die Interaktion und Beziehungsaufnahme für die Mutter erschweren, einen Anteil an der Auslösung und Aufrechterhaltung der mütterlichen Depression haben (Murray & Cooper 1997). Auch für andere psychische Erkrankungen wurden Auffälligkeiten in der Mutter-Kind-Interaktion beschrieben, die bei schizophren erkrankten Müttern besonders stark ausgeprägt zu sein scheinen (Riordan et al. 1999, Snellen et al.1999).

Diese Befunde waren für uns Anlass, in unser Therapieprogramm solche entwicklungspsychologischen Themen einzubeziehen, die sich mit der frühen Mutter-Kind-Interaktion beschäftigen, mit dem Ziel, intuitive elterliche Verhaltensbereitschaften zu fördern, um einer dekompensatorischen Entgleisung der Kommunikation und Interaktion zwischen Mutter und Säugling vorzubeugen. Folgende Themen werden bearbeitet: Neugierde an der Beobachtung des Kindes wecken, Bedeutung der beschreibenden Sprache, kindlichen Signalen ein Echo geben, Beruhigungstechniken, Führen und Folgen, da diese im Säuglingsalter hohe entwicklungspsychologische Relevanz haben und bei psychisch kranken Müttern besonders häufig beeinträchtigt sind (Übersicht z. B. bei Reck 2001). Die folgenden theoretischen Konzepte waren von Bedeutung: elterliche Feinfühligkeit, intuitive elterliche Kompetenzen, Affektspiegelung und »Matching«.

Nach Mary Ainsworth (1974/2003) ist ein wesentliches Merkmal des elterlichen Fürsorgeverhaltens die Feinfühligkeit bzw. emotional unterstützende Responsivität. Eine feinfühlige Mutter ist in der Lage, die Signale ihres Kindes wahrzunehmen, diese richtig zu interpretieren und auf diese adäquat – der Situation, dem Entwicklungsstand und den Bedürfnissen des Kindes angemessen – und prompt zu reagieren. Eine feinfühlige Mutter kann vom Standpunkt ihres Kindes aus die Umgebung wahrnehmen und in ihrer Reaktion zeitlich und emotional auf die Bedürfnisse ihres Kindes eingehen. Bei mangelnder Feinfühligkeit werden die Signale des Kindes nicht wahrgenommen, verzerrt oder falsch interpretiert, und die Reaktionen sind so verzögert, dass der Säugling nicht mehr in der Lage ist, eine Verbindung zu seinem Verhalten herzustellen. Das Konzept der Feinfühligkeit wurde im Kontext der Bindungstheorie entwickelt (Übersicht z. B. bei Hédervári-Heller 2000). In Forschungsarbeiten konnte die Beziehung zwischen Feinfühligkeit und positivem kindlichen Verhalten sowie einer sicheren Mutter-Kind-Bindungsbeziehung nachgewiesen werden (Übersicht z. B. bei Grossmann 2003). In vielen Formen der Eltern-Säuglingstherapie ist die Unterstützung und Förderung der mütterlichen Feinfühligkeit ein Schwerpunkt (z. B. bei Ziegenhain 1999, Cohen et al. 1999).

Intuitive elterliche Kompetenzen sind nach H. und M. Papoušek (1987, 1990, Papoušek 1994) universell angelegte, kultur- und geschlechtsunabhängige, biologische verankerte Verhaltensdispositionen, die komplementär zu den Prädispositionen des Säuglings angelegt sind. Sie ermöglichen es Eltern, ihr Verhalten von Moment zu Moment auf die Bedürfnisse des Säuglings abzustimmen und seinen entwicklungsabhängigen Wahrnehmungs- und Integrationssystemen anzupassen.

Zum Beispiel präsentieren Eltern ihrem Säugling ihr Gesicht oder einen Gegenstand intuitiv mit einem Abstand von 21 cm, der der Akkommodationsfähigkeit des Säuglings optimal entspricht.

Sie verändern unwillkürlich Tonlage und Melodie ihrer Stimme, suchen mit rhythmischen Bewegungen oder Lauten den Blickkontakt mit ihrem Kind herzustellen und belohnen seine Zuwendung und Aufmerksamkeit mit der typischen, überakzentuiert freundlichen Grußreaktion. Diese Art der Ansprache zählt ebenso zum Repertoire elterlicher Beruhigungstechniken wie das Halten, Streicheln und Wiegen, wodurch Eltern intuitiv die Affektregulation ihres Kindes unterstützen.

Eltern strukturieren die alltäglichen Interaktionen beim Spielen, Füttern, Wickeln und Baden, indem sie sich instinktiv körperlich zu ihrem Kind in Beziehung setzen, einfache prototypische mimische und gestische Ausdrucksformen wiederholen und sich bei einfachen interaktiven Spielchen intuitiv der kindlichen Toleranzgrenze von Erregung und Entspannungsbedürfnis anpassen.

Eltern verwenden die beschreibende Sprache, indem sie kontextbezogen beim Spiel oder Versorgen des Babys Objekt, Personen und Tätigkeiten benennen und dadurch ihrem Kind bei der Integration von Umwelterfahrungen, von Sprachentwicklung und Aufmerksamkeit helfen sowie darüber hinaus die Ausbildung von »innerer Sprache« und Problemlösestrategien unterstützen (Meins 1998).

Zu den elterlichen Kompetenzen zählt auch die Fähigkeit, dem Aufmerksamkeitsfokus des Kindes zu folgen und seine Handlungsimpulse aufzugreifen, um dadurch das natürliche Explorationsbedürfnis des Kindes zu unterstützen. Andererseits erweist sich elterliche Kompetenz in den vielen Alltagssituationen, in denen Eltern ihr Kind führen, indem sie die Handlungsinitiative vorgeben und seine Kooperation dadurch gewinnen, dass sie seine Aufmerksamkeit und sein Interesse auf die gemeinsame Tätigkeit ausrichten. Hierbei wird die mutuelle Aufmerksamkeit (joint attention) als eine wesentliche Voraussetzung für Lernen vorbereitet. Zu »joint attention« ist das Kind etwa ab dem zehnten Monat fähig.

Indem sich komplexe Handlungsabläufe von Eltern und Kind (z. B. Wickeln, Füttern, Baden) einteilen lassen in solche, in denen entweder die Eltern ihr Kind führen oder aber dem Kind folgen, werden Rahmenbedingungen für die Autonomieentwicklung und Sozialisation des Kindes geschaffen (Marvin et al. 2002). Im Alltag unterscheiden sich Handlungen im Allgemeinen dadurch, dass entweder die Eltern das Ziel vorgeben, also ihr Kind führen (z. B. beim Wickeln), oder das Kind das Ziel vorgibt, d. h., die Eltern folgen ihm (z. B. im Spiel).

Zu den intuitiven Kompetenzen gehört die Kontingenz elterlichen Verhaltens, d. h., dass das Handeln von Mutter und Kind in einem zeitlichen Zusammenhang steht. Im Säuglingsalter erfolgt die kontingente mütterliche Reaktion auf das Signal des Kindes mit einer Latenz von ungefähr einer Sekunde. Dieses Zeitmaß korrespondiert mit der Fähigkeit des Säuglings, Kontingenz zwischen seinem Verhalten und dem seiner Bezugsperson herzustellen. Die zuverlässige Auslösung kontingenter elterlicher Reaktionen stärkt im Säugling das Gefühl seiner Selbstwirksamkeit. Er antwortet auf das elterliche Interaktionsverhalten mit Rückkopplungssignalen, die wiederum bei den Eltern das Gefühl der Selbstwirksamkeit verstärken. Diese positive gegenseitige Bezogenheit fungiert als ein interaktionelles Belohnungssystem, das dem Säugling die Möglichkeit bietet, seine interpersonellen und selbstregulatorischen Fähigkeiten einzuüben. In mikroanalytischen Untersuchungen zur Struktur der Mutter-Kind-Interaktion (Beebe 2000) stellte sich heraus, dass die kontingenten interaktiven Rückkoppelungen für die kindliche Entwicklung optimalerweise in einem Mittelbereich verlaufen, der vom Säugling weder als über- noch als unterstimulierend erlebt wird.

Im Zusammenhang mit der Affektregulation ist das Konzept der Affektspiegelung von Gergely und Watson (1996; auch Dornes 2001, Downing 2004) von Bedeutung. Affektspiegelung bedeutet, dass die Mutter die kindlichen Gefühlsäußerungen differenziert aufgreift, den kindlichen Gefühlsausdruck widerspiegelt und ihn gleichzeitig in eine andere Affektmodalität überführt, wodurch sie den kindlichen Affekt moduliert und reguliert. Indem die Mutter durch Affektspiegelung die positiven Affektäußerungen des Kindes akzentuiert und negative Affekte dämpft, gestaltet sie die affektiven Charakteristika der Interaktion in Intensität, Rhythmus und zeitlicher Kontur. Durch die prompte Wiederholung der affektiven Abstimmungsprozesse entstehen im Säugling »Repräsentanzen« (innere Vorstellungen) von affektiven Beziehungserfahrungen und erste Anzeichen von emotionaler Selbstbewusstheit.

Einen weiteren Bereich der Feinabstimmung betrifft das »Vocal Matching« (Jaffe et al. 2001, Greenspan & Shanker 2004), worunter Lautspiegelung, aber auch regulierende und modulierende Lautantworten der Mutter auf kindliche Lautgebung verstanden werden. Auch hierbei geht die Mutter auf kindliche Gefühlszustände ein. Auch für das Konzept des Matchings, das auch mimische Übereinstimmung des mütterlichen und kindlichen Affektausdrucks einbezieht, gilt, dass Feinabstimmung einen quantitativen Aspekt beinhaltet. Tronick und Cohn (1989) hatten gezeigt, dass auch in gelungenen Spielsituationen nur in 30 % der Fälle mütterliche und kindliche Affektausdrücke übereinstimmen. Er misst dem »interactive repair«, der Fähigkeit der Mutter-Kind-Paare, sich flexibel zwischen übereinstimmenden (matched) und nicht übereinstimmenden (mismatched) Zuständen hin und her zu bewegen, die entscheidende Bedeutung für die Entwicklung von Affektregulation und Beziehungserfahrungen zu. Er vermutet, dass durch die Erfahrung des »interactive repair« das Kind Kommunikations- und Bewältigungsstrategien ausbildet und ein erstes Verständnis für Regeln der Kommunikation und Interaktion erhält (Tronick 2003).

Für das Therapieprogramm haben wir vor allem diejenigen entwicklungspsychologischen Themen ausgewählt, die nach Studienlage in der Interaktion von psychisch kranken Müttern und ihren Kindern beeinträchtigt sind (Übersicht z. B. bei Reck et al. 2001, Hornstein 2003a und b).

3.3 Wahrnehmung positiver Gefühle

Wie in der Depressionstherapie heute allgemein üblich, basiert diese Gruppenstunde auf der Integration behavioraler und kognitiver Therapiemethoden. In der Praxis ergänzen sich diese gut, obgleich ihnen unterschiedliche Modellvorstellungen der Depression zugrunde liegen.

Die behavioralen Modelle sehen im Verlust von Verstärkern bzw. Verstärkerwirksamkeit die entscheidende Bedeutung für die Entstehung und Aufrechterhaltung der Depression. Nach dem verstärkungstheoretischen Modell von Lewinsohn (1974) entstehen Depressionen und werden aufrechterhalten durch:

1. einen Mangel an verhaltenskontingenter Verstärkung und das Überwiegen aversiver Erfahrungen,
2. einen Mangel an sozialen Fertigkeiten, der dazu führt, dass von der sozialen Umgebung nur unzureichende positive Verstärkung erzielt wird oder dass negative Ereignisse nicht adäquat bewältigt werden können,
3. aktuelle Belastungen, die mit einem Rückgang positiver Verstärkung und mit sozialen Ängsten verbunden sind, die positive Verstärker abschwächen oder blockieren.

Die Depression wird aufrechterhalten, indem depressives Verhalten die Verhaltensrate reduziert, positive Verstärker abnehmen und die Umgebung depressives Verhalten, z. B. durch Zuwendung, positiv verstärkt. Im Gruppenprogramm »Coping with Depression Course« (Lewinsohn et al. 1984) wird dieser Teufelskreis ungünstiger Verstärker durch verschiedene Behandlungselemente wie Entspannungstechniken, Aufbau angenehmer Aktivitäten, sozialer Fertigkeiten und Selbstkontrolle zur Unterbrechung automatisierter negativer Gedankenketten unterbrochen.

Das kognitive Depressionsmodell von Beck (1976, 1992) sieht in der Depression eher eine kognitive Störung als eine Stimmungsstörung. Depressionstypische verzerrte Kognitionen gehen der Depression voraus. Es handelt sich hierbei um logisch fehlerhafte, übergeneralisierende, übertriebene und selektive Muster der Informationsverarbeitung, die sich durch negative, stressbesetzte Erfahrungen im Verlauf der lebensgeschichtlichen Entwicklung eines Patienten als depressive dysfunktionale Schemata bzw. stabile irrationale Grundannahmen verfestigen. Durch belastende Ereignisse und in Stresssituationen können bei einer für Depressionen vulnerablen Person diese dysfunktionalen Grundschemata reaktiviert werden. Die automatisch ablaufenden negativen Gedanken führen zu dysphorischer Verstimmung und depressiven Symptomen. In der Therapie werden dem Patienten die Zusammenhänge zwischen Kognitionen, Gefühlen und Verhalten, die sich wechselseitig beeinflussen, erklärt. Die negativen dysfunktionalen Gedankenprozesse werden durch kognitive Umstrukturierung, Änderung von Einstellung und inneren Dialogen, realistische Selbstbewertung und Attribution korrigiert. Verhaltenstherapeutische Techniken wie Selbstbeobachtung, Protokollierung von automatischen Gedanken, Wahrnehmungen und Gefühlen kommen zur Anwendung.

Bei unserem integrativen Vorgehen nutzen wir das kognitionstheoretische Modell, um den Patientinnen eine plausible Erklärung für die Entstehung depressiver Symptome in der Postpartalzeit zu vermitteln und wenden verhaltensübende Techniken wie Aktivitätsplanung, Gedankenstopp und Einführung positiver Gedanken an, um die Ressourcen der Patientinnen zur Bewältigung der Belastungen der Postpartalzeit zu fördern.

3.4 Stressfaktoren und Stressbewältigungsstrategien

Stress wird als physiologische und psychologische Reaktion des Individuums auf eine Anforderung definiert.

Nach dem transaktionalen Ansatz der Stressforschung (Lazarus & Folkmann 1984) ist die Stressentstehung auf das Zusammenspiel zwischen situativen Anforderungen und der individuellen Beurteilung der eigenen Ressourcen und Fähigkeiten zurückzuführen. Die entscheidende Rolle kommt dabei den individuellen Bewertungsprozessen zu. Eine Stressreaktion entsteht dann, wenn eine bestimmte situative Anforderung vor dem Hintergrund lebensgeschichtlich erworbener Personenmerkmale als aversiv bewertet wird, also zum Stressor definiert wird, und die jeweilige Person die ihr zur Verfügung stehenden Bewältigungsmöglichkeiten als zu gering bzw. ineffizient erachtet.

Empirische Belege sprechen dafür, dass Stresserleben und der persönliche Umgang mit Belastungen eine wesentliche Rolle bei der Krankheitsentstehung spielen (Wagner-Link 1995). Seit geraumer Zeit werden auch die kleinen, alltäglichen Belastungen, so genannte »daily hassles« in der Forschung berücksichtigt, da das Ausmaß ständig wiederkehrender Alltagsbelastungen die Krankheitsanfälligkeit noch besser vorhersagt als größere kritische Lebensereignisse.

Für die Entstehung von psychiatrischen Erkrankungen kann Stress nicht als alleinige Ursache gelten. Vielmehr wird im Allgemeinen von einer multifaktoriellen Genese ausgegangen, im Sinne eines Vulnerabilitäts-Stress-Modells bzw. biopsychosozialen Modells. Daraus resultiert für den Verlauf einer Erkrankung, dass es für Patienten entscheidend ist zu lernen, mit Stress umzugehen, um das Risiko eines erneuten Krankheitsausbruches zu reduzieren.

Gerade in der frühen Mutterschaft haben Mütter täglich mit Stresssituationen zu tun. Diese werden von jungen Müttern oft als persönliche Bedrohung erlebt, da deren Rollenverständnis und Identitätsgefühl als Mutter noch nicht gefestigt ist. Im Therapieprozess werden Stresssituationen als Herausforderungen und lösbare Probleme neu bewertet. Dementsprechend werden Stressfaktoren identifiziert und »Stresskiller« erarbeitet sowie stressbezogene negative automatische Gedanken und dysfunktionale Grundannahmen erkannt und verändert (Beck 1992). Schließlich können Mütter, die gelernt haben, mit Stress bewusst und konstruktiv umzugehen, damit auch ihren Kindern als Modell dienen.

3.5 Krisenplan

Im Kontext des Vulnerabilitäts-Stress-Modells der Schizophrenie ist der Krisenplan, dessen Einsatz wir auch bei affektiven Störungen in der frühen Mutterschaft für sinnvoll halten, ein bewährtes Element zur Rezidivprophylaxe (Bäuml 1994). Da die Ausarbeitung eines Handlungsmusters pädagogisch wirksamer ist als eine Wissensvermittlung, die sich auf theoretische Fakten beschränkt, wird mit den Patienten ein individuelles Verhaltensmodell zum Krisenmanagement erarbeitet. Ziel des Krisenplans ist es, dass Patienten die individuellen Frühsymptome ihrer Erkrankung erkennen und rasch Maßnahmen ergreifen, um die beginnende Krankheit abzufangen. Dieses Vorgehen trägt zur Verbesserung der beruflichen und sozialen Integration bei (Buttner 1996).

3.6 Konzept der Körperorganisation (»body organizing«)

Nach Downing (1994) werden die Körpererfahrung der Emotion, die Wahlmöglichkeiten dieser Erfahrung sowie das Zusammenspiel der Atmung, der Körperabwehrfunktionen, der motorischen Exploration von Gefühlen und noch vieles weitere in dieser Richtung fast völlig außer Acht gelassen. Eine umfassendere Sicht der verkörperten Subjektivität würde eine wertvolle Erweiterung der Emotionstheorie bedeuten, die davon ausgeht, dass emotionale Zustände uns ermöglichen, die Welt mit Hilfe bestimmter kognitiver Einschätzungen zu beurteilen.

In den ersten fünf Monaten seines Lebens bildet das Kind ein komplexes Repertoire an Kenntnissen im Bereich der Körperorganisation aus. Es lernt motorische Fertigkeiten, entwickelt komplizierte Modi, den Körper in Interaktion zu nutzen. Auch lernt es, den Körper zur Emotionsregulation zu benutzen. Als Erwachsene organisieren wir ständig unseren Körper auf Sekundenebene. Dementsprechend passen wir die Körperhaltung, die Bewegung, die Atmung, den Gesichtsausdruck, die Muskelanspannung- und -entspannung an. Dies gilt auch für das Kind. Seine Fähigkeiten sind jedoch geringer und weniger komplex. Die Organisation des Körpers ist prozedurales Wissen, es ist für uns Erwachsene jedoch nicht vollständig unbewusst. Ein Teil ist uns bewusst und diesen Teil beeinflussen wir bewusst. Für den Erwachsenen oder das ältere Kind ist das Bewusstsein für die

Körperorganisation eine fundamentale Komponente subjektiver Bewusstseinszustände. Oft ist dies minimal präsent, genauso wie Gedanken und Gefühle minimal präsent sind, aber es kann jederzeit mehr in den Fokus gebracht werden. Es überschneidet sich mit Gefühlen, wobei es jedoch weitaus differenzierter als Gefühle ist und oft unabhängig von Gefühlen operiert. Genau genommen ist die Körperorganisation dem Verhalten zuzuordnen. Sie stellt jedoch einen derartig speziellen Subtyp dar, dass für die Körperorganisation eine eigene Kategorie benutzt werden sollte (Downing 2015).

Das dargestellte Konzept der Köperorganisation kommt in den Stunden »Stressbewältigungsstrategien« (Stunde 5), »Wahrnehmung positiver Gefühle« (Stunde 8) und »Stunden mit entwicklungspsychologischen Themen« zur Anwendung, indem z. B. das kognitiv-behaviorale Dreieck erweitert wird um die Körperorganisation bzw. den Teilnehmerinnen der Gruppe Informationen zu diesem Thema zusätzlich zum Thema der Stunde vermittelt werden.

B Praktische Umsetzung des Therapieprogramms

4 Struktur der Gruppe

4.1 Indikationen zur Gruppenteilnahme

Das Gruppentherapieprogramm ist für Patientinnen mit unterschiedlichen psychischen Störungen konzipiert, die sich jedoch bei allen Teilnehmerinnen subjektiv bzw. objektiv auf die Beziehung zum Kind auswirken. Die Störung mütterlicher Kompetenzen in der frühen Mutterschaft ist die verbindende Indikation zur Aufnahme in die Gruppe. Die Mütter erleben sich als insuffizient in ihrer Beziehung oder im Umgang mit ihrem Kind. Andere haben negative Kognitionen, die sich gegen das Kind richten und zur Ablehnung des Kindes bis hin zur Feindseligkeit führen können. Zu den genannten subjektiven Kriterien kommen die folgenden objektiven Kriterien: Defizite in der Versorgung des Kindes oder Defizite im emotionalen Kontakt mit dem Kind, die sich in Interaktionsstörungen zeigen.

Das Gruppentherapieprogramm ist niederschwellig, sodass sowohl leicht als auch schwer gestörte Patientinnen teilnehmen können. Voraussetzung ist, dass sie von ihrer Konzentrationsleistung und ihrem Durchhaltevermögen her in der Lage sind, die einstündige Gruppentherapie durchzuhalten. Als Richtgröße kann ein CGI von 4–7 (leicht bis schwer krank) bzw. GAF von 31–70 (einige leichte Symptome, z. B. depressive Stimmung, bis zu starke Beeinträchtigung in mehreren Bereichen, z. B. familiäre Beziehungen, Denken oder Stimmung) genommen werden.

Die unterschiedlichen Krankheitsstadien der Patientinnen lassen sich sowohl für das supportive Klima der Gruppe als auch für die kognitive Erarbeitung von Themen nutzen. Gesündere Patientinnen können schwerer erkrankte unterstützen, indem sie bei der Erarbeitung von Themen aktiv mitarbeiten, wie z. B. bei der Analyse von Videosequenzen.

Auch Patientinnen mit fehlender Einsicht in ihre Erkrankung und geringer Therapiemotivation können integriert werden. Sie sollten jedoch ein Interesse daran haben, sich mit ihrer Mutterschaft auseinander zu setzen. Somit können auch Patientinnen teilnehmen, die institutionell zur Abklärung ihrer Erziehungsfähigkeit überwiesen werden.

Das Therapieprogramm ist geeignet für Mütter mit Kindern bis zum Alter von 24 Monaten, da sich die entwicklungspsychologischen Aspekte des Programms auf die frühe Kindheit beziehen.

4.2 Ein- und Ausschlusskriterien

Patientinnen mit den folgenden Diagnosen können (nach unserer bisherigen Erfahrung) in das Gruppenprogramm einbezogen werden:

- Psychotische Störungen (ICD-10: F2),
- Affektive Störungen (ICD-10: F3),
- Anpassungsstörungen (ICD-10: F43.2),
- Angst- und Zwangsstörungen (ICD-10: F40–42).

Patientinnen mit primären Suchterkrankungen und schweren Persönlichkeitsstörungen (z. B. Borderline-Störungen) wurden bisher nicht eingeschlossen, da diese in diagnosespezifischen Settings behandelt werden.

Suizidgedanken und fremdgefährdende Impulse sind, auch wenn sie sich gegen das Kind richten, keine Kontraindikation für die Aufnahme in die Gruppe. Akute Eigen- oder Fremdgefährdung stellen eine Kontraindikation dar, sowohl zur eigenen Sicherheit als auch um die Gruppenatmosphäre nicht zu belasten. Patientinnen mit Minderbegabung und mangelhaften deutschen Sprachkenntnissen profitieren nicht vom Therapieprogramm.

Einschlusskriterien:

- psychische Erkrankung aus den ICD-10-Spektren F2, F3, F4
- Alter des Kindes bis 24 Monate
- Therapiemotivation
- subjektive bzw. objektive Schwierigkeiten im Umgang mit dem Kind

Ausschlusskriterien:

- akute Eigengefährdung bzw. akute Fremdgefährdung
- primäre Substanzabhängigkeit
- primäre schwere Persönlichkeitsstörung
- unzureichende Deutschkenntnisse
- Minderbegabung

4.3 Rahmenbedingungen

Das Therapieprogramm wurde in einem stationären Behandlungssetting entwickelt und kommt additiv zur stationären psychiatrisch-psychotherapeutischen Standardbehandlung zur Anwendung.

Es ist für zehn Stunden konzipiert, mit einer Frequenz von zwei Wochenstunden à 60 Minuten. Ziel dieser Stundenanzahl und -frequenz ist es, durch das spezialisierte Behandlungsprogramm nicht die stationäre Verweildauer der Patientinnen zu verlängern. Die Frequenz von zwei Stunden pro Woche hat sich – wie auch in anderen Gruppentherapien – bewährt und ist der Belastbarkeit der Patientinnen angemessen.

Während der Gruppenstunde werden die Kinder durch Erzieherinnen bzw. das Pflegeteam betreut. Die Trennung von Mutter und Kind lässt sich therapeutisch nutzen. Die Mütter lernen, sich zu entlasten, indem sie ihre Kinder zeitlich begrenzt abgeben. Die 60-minütige Trennungszeit ist auch für die Kinder verkraftbar und wird durch langsames Eingewöhnen vorbereitet.

Das Gruppensetting ist halb offen. Die Teilnehmerinnen können zu jedem Zeitpunkt, ohne Wartezeiten, in das Programm einsteigen (das Setting trägt dadurch den Aufnahmegewohnheiten eines Akutkrankenhauses Rechnung). Sie verpflichten sich jedoch dann, das zehnstündige Therapieprogramm zu durchlaufen. Dadurch entwickelt sich eine kohäsive Kerngruppe, die die Integration neu aufgenommener Patientinnen erleichtert. Entsprechend dem halb offenen Setting bauen die Themen der einzelnen Stunden nicht aufeinander auf, überlappen sich jedoch durch themenbezogene Übungen.

Eine Gruppengröße von fünf bis acht Teilnehmerinnen hat sich bewährt, damit die Therapeuten individuell, entsprechend dem Schweregrad der Erkrankung, auf die Patientinnen eingehen können. Den Patientinnen gelingt es in einer kleinen Gruppe leichter, sich zu öffnen.

Die Gruppe wird von zwei Therapeuten/-innen betreut, wobei ein Therapeut die Leitung der Gruppe übernimmt, der andere eine unterstützende Funktion hat.

Die Erfahrungen im ambulanten Setting sind bis jetzt noch gering, aber vielversprechend. Die Akzeptanz bei den ambulanten Teilnehmerinnen war sehr hoch. Es empfiehlt sich, für die ambulante Anwendung die Anzahl der Gruppenstunden zu erhöhen.

Bisher liegen keine Erfahrungen vor, ob das Therapieprogramm als einziges Verfahren zur Behandlung postpartal erkrankter Mütter, z. B. mit leichten Störungen, eingesetzt werden kann. Ein Wirksamkeitsnachweis steht noch aus.

- Anzahl der Stunden: zehn
- Frequenz: zwei Stunden/Woche
- Dauer: 60 Minuten
- Setting: halb offen
- Gruppengröße: fünf bis acht Teilnehmerinnen
- Leitung der Gruppe: zwei Therapeuten/-innen
- Kinderbetreuung während der Therapiestunde durch ein Pflegeteam bzw. durch Erzieherinnen

4.4 Therapeutische Techniken

Es werden überwiegend bewährte Methoden der Verhaltenstherapie angewendet, wie Instruktion, Modelllernen, Verhaltensübung/-wiederholung, Rückmeldung und Verstärkung. Ausgangspunkt ist die kognitiv-soziale Lerntheorie (Bandura 1979).

Des Weiteren verwenden wir kognitive Interventionen nach Beck (1979, 1992) und behaviorale nach Lewinsohn (1984). Eine andere kognitive Technik ist die Analyse und Veränderung problemrelevanter Selbstinstruktionen, entsprechend den Techniken des Selbstinstruktionstrainings (Kendell & Hollon 1979, Meichenbaum 1995).

Aus dem integrierten psychologischen Therapieprogramm, einem verhaltenstherapeutischen Gruppentherapieprogramm für schizophrene Patienten von Brenner, Roder et al. (1988), werden Übungen aus den Unterprogrammen »soziale Wahrnehmung«, »soziale Fertigkeiten« sowie »interpersonelles Problemlösen« übernommen, die sich auf den Alltag mit dem Kind und der Familie beziehen (z. B. Einkauf mit Kind). Zur Verhaltensübung/-wiederholung werden Rollenspiele durchgeführt sowie nach jeder Stunde Übungen zum Thema der Stunde gegeben.

Aus der interpersonellen Therapie (Schramm 1996) werden Elemente zur Bewältigung des Rollenwechsels übernommen, wie z. B. Aufdeckung von Annahmen über die neue Rolle als Mutter.

Psychoedukative Techniken kommen zum Einsatz. Es werden relevante Informationen über die Krankheit vermittelt, z. B. der Einfluss von Stress auf die Krankheitsentstehung, und anschließend durch Übungen und Rollenspiele vertieft.

In den Stunden mit entwicklungspsychologischen Inhalten werden interaktionszentrierte Techniken verwendet. Teilnehmerinnen der Gruppe beobachten und analysieren gemeinsam mit den Therapeuten Videographien von normalen Mutter-Kind-Interaktionen. Gleichzeitig erhalten die Patientinnen die dazugehörigen entwicklungspsychologischen Informationen. Die Techniken lehnen sich an verschiedene Formen der Eltern-Kleinkind-Beratung bzw. -Therapie an.

Die spezifischen kurativen Wirkfaktoren der Gruppentherapie werden therapeutisch genutzt. Hierzu gehören Gruppenkohäsion, Selbstöffnungsbereitschaft der Patienten, Vertrauen in die Gruppenarbeit, Entwicklung einer kooperativen Arbeitsbeziehung sowie Erkennen und Erleben von Altruismus und Solidarität (Fiedler 1996).

4.5 Anforderungen an die Therapeuten

Das Therapieprogramm sollte von Ärzten bzw. Psychologen durchgeführt werden, die gute Kenntnisse in verhaltenstherapeutischen Methoden besitzen und über

Erfahrungen in der Gruppentherapie verfügen. Ein fundiertes Wissen über Ätiologiemodelle, Symptomatik und Therapie psychischer Erkrankungen ist unseres Erachtens hilfreich. Zusätzlich sind Grundkenntnisse in der Entwicklungspsychologie in der frühen Kindheit sowie zu den Auswirkungen psychischer Störungen auf die Mutter-Kind-Beziehung und die Entwicklung des Kindes erforderlich. Der Schwerpunkt sollte auf den Grundlagen und Störungen der vorsprachlichen Kommunikation liegen. Der Therapeut sollte die interaktive Kommunikation der Gruppe empathisch und strukturierend unterstützen. Er sollte Verständnis für die besondere Konstellation der Mutterschaft aufbringen.

4.6 Aufbau der Stunden

Alle zehn Gruppensitzungen haben den gleichen Aufbau. Jede einzelne Stunde besteht aus fünf Teilen:

1. Einstiegsrunde,
2. Besprechung der Übung zum Thema der letzten Stunde,
3. Thema der Stunde,
4. Übung zum Thema der Stunde,
5. Blitzlicht zum Abschluss.

1. Einstiegsrunde

In der Einstiegsrunde werden neue Mitglieder in die Gruppe eingeführt und die Gruppenregeln erläutert (siehe Gebrauchsanweisung). Die Gruppenregeln unterstützen die Entwicklung einer kooperativen und vertrauensvollen Arbeitsbeziehung.

Aufgabe des Therapeuten in der Einstiegsrunde

Durch die erste offen formulierte Frage des Therapeuten (»Was haben Sie seit der letzten Stunde erlebt?«) erhält jede Patientin die Möglichkeit, sich mit ihrem individuellen Umfeld (partnerschaftliche, familiäre, psychosoziale Themen) einzubringen.

Durch die zweite Frage (»Wie geht es Ihnen momentan?«) erhält die aktuelle Befindlichkeit der Patientin Raum.

Durch die dritte Frage (»Wie geht es Ihnen mit Ihrem Kind?«) wird die Beziehung zum Kind (die dyadische Perspektive) thematisiert.

In der Einstiegsrunde lernt der Therapeut die Patientinnen und ihre aktuelle Befindlichkeit kennen. Er fokussiert die Aufmerksamkeit der Patientinnen auf die

Gruppensitzung, indem er gegebenenfalls individuelle Themen, die das Setting der Gruppe sprengen, aufnimmt und den Patientinnen Anregungen gibt, in welchem Setting die Bearbeitung eines solchen Themas möglich ist (z. B. Partnerschaftsproblematik in der Einzeltherapie). Indem er die Patientinnen hierzu motiviert, kann er gegebenenfalls Weichen für den gesamten Behandlungsplan stellen.

Individuelle Effekte

Die Patientinnen fühlen sich durch die empathische Bestätigung des Therapeuten angenommen. Ihre Erfahrung, sich mit persönlichen Anliegen in der Gruppe mitteilen zu können, fördert ihre Selbstöffnungsbereitschaft, es entsteht eine therapeutische Beziehung.

Gruppeneffekt

Die Patientinnen lernen sich untereinander kennen. Im »Warming-up« entsteht Offenheit und Vertrauen unter den Gruppenmitgliedern, die Gruppenkohäsion wird unterstützt und eine kooperative Arbeitsbeziehung hergestellt.

2. Besprechung der Übung zum Thema der letzten Stunde (Hausaufgabe)

In der vorangegangenen Stunde waren die Patientinnen dazu angeregt worden, ein erwünschtes Verhalten zu üben, das in der Sitzung erarbeitet wurde. Sinn der Übung ist die Verhaltenswiederholung bzw. -übung, die Anregung zur Selbstbeobachtung und das Erleben positiver Emotionen und Kognitionen.

Bei der Besprechung der Hausaufgaben werden Emotionen und Kognitionen bewusst gemacht und verstärkt. Schwierigkeiten bei der Umsetzung werden in der Gruppe gemeinsam erarbeitet (z. B. durch Sharing). Die Erfahrungen anderer Gruppenmitglieder werden als Ressource genutzt, um individuelle Lösungsansätze zu erarbeiten. Der Therapeut regt die Generalisierung des eingeübten Verhaltens an.

3. Thema der Stunde

Das Thema (z. B. »Beschreibende Sprache«) wird benannt und verbal sowie visuell (durch das Videomodell von gelungenen Mutter-Kind-Interaktionen) vermittelt. Die Visualisierung unterstützt die Aufmerksamkeit und das Auffassungsvermögen, wovon Patientinnen mit kognitiven Störungen besonders profitieren. Das »Bild« regt die emotionale Betroffenheit der Patientinnen an und erleichtert die Identifizierung mit der Thematik. Gleichzeitig erhalten die Patientinnen Informationen, bei denen immer Mutterschaftsthemen bzw. dyadische Aspekte herausgearbeitet werden.

Durch die Wissensvermittlung (z. B. beschreibende Sprache unterstützt die Affektregulation des Kindes) werden die Patientinnen angeleitet, Zusammenhänge und Regelmäßigkeiten zu erkennen, die Bezug auf ihre individuelle Problematik nehmen. Dies ist Voraussetzung für die kognitive Umstrukturierung und emotionale Neubewertung. Der Therapeut verstärkt durch Anerkennung und Wertschätzung die therapeutische Allianz und motiviert zur Korrektur von Fehleinschätzungen und Fehlhaltungen. Er regt zur Selbstbeobachtung und zum Bewusstmachen von Emotionen und Kognitionen an und verstärkt die Veränderungsmotivation. Auf diese Weise analysiert jede Patientin, welche Bedeutung das Thema für sie selbst hat. Der Therapeut regt die Ausweitung der Thematik (Generalisierung) auf andere Lebensbereiche (z. B. Partnerschaft) an und motiviert erneut zur Selbstbeobachtung und Bewusstmachung von Emotionen und Kognitionen im Erfahrungsaustausch in der Gruppe. Im zirkulären Ablauf von Individualanalyse und Generalisierung im Rahmen der Gruppenarbeit wird das Thema ständig verdichtet. Die dyadischen Aspekte werden jeweils hervorgehoben.

4. Vorbereitung der Übungen zum Thema der Stunde (Hausaufgabe)

Der Therapeut gibt den Patientinnen die Aufgabe, bis zur nächsten Gruppensitzung Übungen zum Thema der Stunde durchzuführen (z. B. beschreibende Sprache im Umgang mit dem Kind einsetzen). Es werden jeweils Übungen vereinbart, die die Mutterrolle der Patientinnen bzw. ihre Beziehung zum Kind betreffen. Der Fokus der Übungen liegt sowohl auf aktivem Einbeziehen des Kindes als auch auf angemessener Abgrenzung vom Kind, um eigene Bedürfnisse zu erfüllen (z. B. häusliches Wellness-Programm).

5. Blitzlicht zum Abschluss

Der Therapeut erkundigt sich nach der aktuellen Befindlichkeit der Patientinnen, um die »Holding-function« der Gruppe und des Therapeuten erlebbar zu machen.

5 Anleitung zur Durchführung des Therapieprogramms

5.1 Einstiegsrunde

Als Erstes bittet der Therapeut neue Gruppenmitglieder, sich und ihr Kind vorzustellen (Name der Patientin, kurze Schilderung ihrer Beschwerden, Name und Alter des Kindes). Der Therapeut bittet die Patientinnen, pünktlich zu den Gruppensitzenden zu erscheinen sowie die Schweigepflicht einzuhalten.

Im Anschluss stellt der Therapeut folgende Fragen:

1. Was haben Sie seit der letzten Stunde erlebt (positive und negative Erfahrungen)?
2. Wie geht es Ihnen momentan?
3. Wie geht es Ihnen mit Ihrem Kind?

Die Patientinnen werden reihum befragt. Der Therapeut hört die Schilderungen der Patientinnen an und bestätigt empathisch. Wenn dabei Probleme deutlich werden, die den gruppentherapeutischen Rahmen sprengen, motiviert der Therapeut die Patientinnen zur Bearbeitung des Problems und empfiehlt das geeignete Setting.

5.2 Besprechung der Übung zum Thema der letzten Stunde (Hausaufgabe)

Der Therapeut fragt jede Patientin, welche Erfahrungen sie mit der Übungsaufgabe gemacht hat. Er erkundigt sich nach Schwierigkeiten bei der Umsetzung (z.B. fehlende Kinderbetreuung bei der positiven Aktivität »Spaziergang«). In der Gruppe werden Hilfen für die Umsetzung erarbeitet. Der Therapeut fragt jede Patientin nach positiven Gefühlen bzw. Gedanken, die sich durch die Umsetzung der Übungen entwickelt haben (»Was haben Sie gefühlt? Wo im Körper haben Sie das Gefühl gespürt? Welche Gedanken haben Sie dabei gehabt?«). Der Therapeut bestätigt positives Verhalten und regt erneut die Verhaltensübung und -wiederholung im Alltag an und erklärt, in welcher Weise das Verhalten dazu beiträgt, dass sich die Patientin als Mutter wohl fühlt (»Es ist sehr gut Frau H., dass Sie sich in den letzten Tagen regelmäßig die Zeit für eine Tasse Tee genommen haben. Auch nach der stationären Behandlung wird es wichtig sein, dass Sie sich regelmäßig eine Pause gönnen, um Kraft zu tanken, um Energie für Ihr Kind zu haben und sich nicht im Alltag zu erschöpfen.«).

5.3 Thema der Stunde

Einführung in das Thema

Der Therapeut benennt das Thema (z. B. Stressfaktoren). Er erläutert kurz das Thema (z. B. »Zur langfristigen Stabilisierung und Vorbeugung eines Krankheitsrückfalls ist es wichtig, die eigene Belastungsgrenze zu kennen, um Strategien zur adäquaten Stressbewältigung anwenden zu können.«) und gibt den Patientinnen die Gelegenheit, Fragen zu stellen.

Der Therapeut zeigt visuelles Material, in dem sich das Thema abbildet (z. B. Folie des »Stressmannes«). Als Arbeitsmittel dienen Overheadprojektor, Flipchart, Laptop mit Beamer oder eine Fernseh-DVD-Player-Einheit.

Der Therapeut bittet die Patientinnen, das visuelle Material zu beschreiben (»Was ist Ihnen aufgefallen? Was haben Sie wahrgenommen?«).

Es wird ein Konsens in der Gruppe zur Definition des Themas hergestellt (Fünf Dinge zur gleichen Zeit tun ist Stress).

Erläuterung und Bearbeitung des Themas

Der Therapeut vermittelt ausführliche Informationen zum Thema der Stunde (z. B. physiologische Reaktionen des Körpers auf Stress) und erläutert das Thema in kleinen Sequenzen.

Der Therapeut bittet die Patientinnen, eigene Erfahrungen zum Thema der Stunde mitzuteilen.

Der Therapeut bestätigt die Patientinnen in ihrer individuellen Darstellung des Themas und arbeitet die allgemeine Bedeutung mit ihrer Regelhaftigkeit und ihren Konsequenzen heraus (z. B. schildert eine Patientin das Schreien ihres Kindes als eine typische Stresssituation. Der Therapeut antwortet: »Das Schreien Ihres Kindes erleben Sie als sehr belastend, insbesondere am Abend, wenn Sie selbst erschöpft sind, empfinden Sie das Schreien ihres Babys als besonders anstrengend. Viele Mütter schildern ähnliche Situationen und beschreiben solche Erfahrungen, wie Sie sie uns gerade berichtet haben. Man weiß, dass Eltern sich extrem gestresst fühlen können, wenn ihr Kind schreit. Wissenschaftliche Untersuchungen haben gezeigt, dass in diesen Situationen bei den Eltern Stresshormone ausgeschüttet werden und der Körper der Eltern darauf reagiert, indem sie zu schwitzen beginnen bzw. ihr Herz anfängt, schneller zu schlagen.«).

Der Therapeut regt die Selbstreflexion an, damit sich die Patientinnen ihrer Gedanken und Gefühle bewusstwerden und um die individuelle Bedeutung des Themas emotional und kognitiv zu verankern (»Welche Erfahrungen haben Sie gemacht? Welche Erinnerungen haben Sie zu dem Thema? Welche Gedanken bzw. Gefühle haben sich eingestellt?«).

Anschließend werden individuelle Lösungsansätze (z. B. Stressbewältigungsstrategien, Krisenpläne) erarbeitet.

5.4 Übung zum Thema der Stunde

Die Patientinnen werden zur Verhaltensübung und Verhaltenswiederholung bzw. zur Selbstbeobachtung angeregt. Der Therapeut instruiert die Patientinnen über die Aufgabe und motiviert sie, häufig zu üben bzw. sich selbst zu beobachten (z. B. »Bitte sammeln Sie weitere Stressfaktoren aus dem Alltag mit ihrem Kind. Probieren Sie die erarbeiteten Stressbewältigungsstrategien im Alltag aus.«).

Informations- und Arbeitsmaterial wird den Patientinnen ausgehändigt.

5.5 Blitzlicht zum Abschluss

Der Therapeut erfragt die aktuelle individuelle Befindlichkeit der Patientinnen (»Wie geht es Ihnen jetzt? Gibt es etwas, das Sie besonders beschäftigt und das Sie uns noch mitteilen wollen?«).

Die Patientinnen berichten reihum, wie es ihnen geht. Der Therapeut nimmt Anteil an ihrem Befinden. Bei Verschlechterung der Symptomatik übernimmt er die Verantwortung dafür, dass spezifische Maßnahmen eingeleitet werden (z. B. Überweisung an den Bezugspfleger oder den behandelnden Arzt).

Kasten 5.1: Themen der Therapiestunden

Themen der Müttergruppe

1. Rollenbilder
2. Neugierde an der Beobachtung des Kindes wecken
3. Bedeutung der beschreibenden Sprache
4. Stressfaktoren
5. Bewältigungsstrategien

6. Kindlichen Signalen ein Echo geben (Matching)
7. Beruhigungstechniken
8. Wahrnehmung positiver Gefühle
9. Führen und Folgen
10. Erstellen eines Krisenplans

6 Therapiestunden

1. Stunde: »Rollenbilder«

Definition des Themas

Die Mutterschaft stellt eine Herausforderung für Mütter mit postpartalen psychischen Erkrankungen dar. Sie erfordert meist eine umfassende Umstellung in fast allen Lebensbereichen der Frau, verbunden mit der Auseinandersetzung mit sich selbst als Mutter und dem Diskurs mit dem Kind. Insbesondere Fragen wie:

Kann ich mein Kind ausreichend »nähren«?
Kann ich eine Beziehung zu meinem Kind aufbauen?
Werde ich Unterstützung haben und auch annehmen können?
Werde ich eine neue Identität »mit meinem Kind« entwickeln können?

stehen im Mittelpunkt der Gedanken jeder »jungen« Mutter und tragen zu ihrem Rollenbild bei. Schwierigkeiten, den »Rollenwechsel« zu bewältigen, stehen häufig im Zusammenhang mit inkorrekten oder stereotypen Annahmen über die »neue Rolle«. Oft sind sich die Patientinnen dieser Annahmen nur teilweise bewusst. Darüber hinaus können sie durch die Erkrankung viele Erwartungen an sich selbst und von Seiten der Umwelt nicht erfüllen. Die Mütter entwickeln ausgeprägte Schuld- und Insuffizienzgefühle. Für die Therapie ist es wichtig herauszufinden, was der Rollenwechsel für die jeweilige Person bedeutet.

Ziele der Stunde

Den Patientinnen wird ihre individuelle »Mutterschaftssituation« verdeutlicht, und ihre Leistung als Mutter wird vor dem Hintergrund der psychischen Erkrankung wertgeschätzt. Es wird zwischen gesellschaftlichen und eigenen Rollenerwartungen differenziert, und falsche Ansätze werden korrigiert. Darüber hinaus werden Perspektiven zur stressfreien Alltagsbewältigung aufgezeigt.

Techniken

Wesentliche Aspekte der Mutterschaft werden durch »Sharing« in der Gruppe erarbeitet. Kognitive Techniken wie Klärung, Ermutigung und Ratschläge dienen der

Überprüfung bzw. Änderung von Annahmen. Mögliche Rollenkonflikte werden erarbeitet, Perspektiven zur Alltagsbewältigung bzw. Problemlösung werden aufgezeigt. Adäquates Verhalten und hilfreiche Annahmen werden rückgemeldet und verstärkt. Verhaltensübung, -wiederholung und Psychoedukation werden eingesetzt.

> **Als Zusatzmaterial vorhandene Materialien**
>
> - Arbeitsblatt »Rollenbilder«
> - Folie »Rollenbilder« (▶ Abb. 6.1)

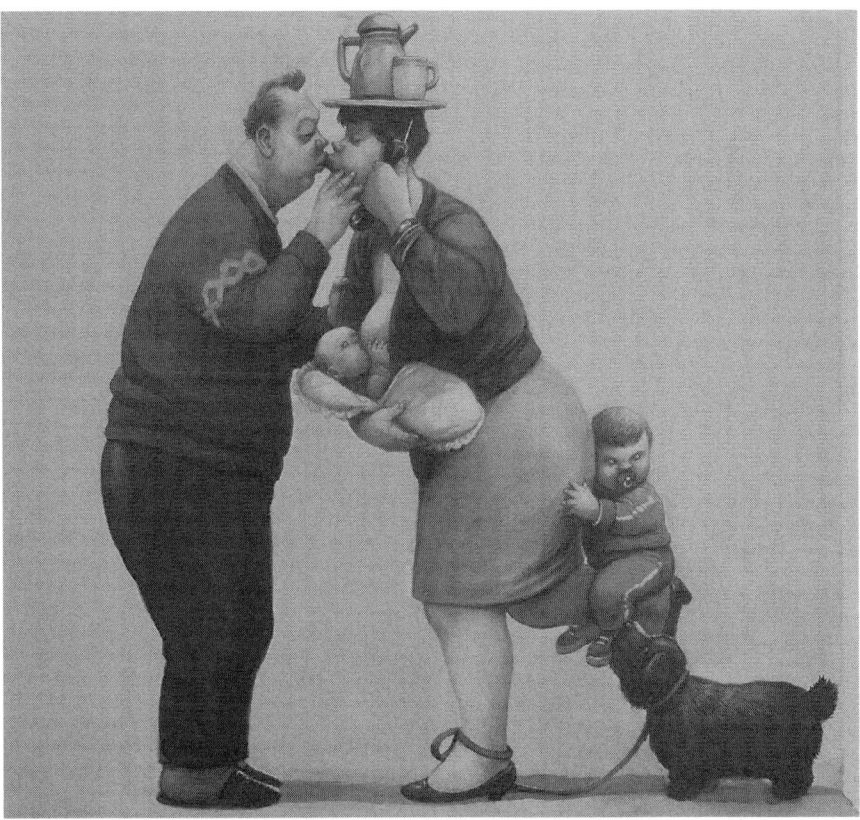

Abb. 6.1: Rollenbilder (Copyright Manfred Deix, 1999)

Einstiegsrunde

Themen: momentane Befindlichkeit, Vorstellung neuer Gruppenmitglieder, Schweigepflicht.

»Wir beginnen mit unserer Einstiegsrunde. Neue Teilnehmerinnen bitten wir, sich und ihr Kind kurz vorzustellen. Es gibt zwei Gruppenregeln: Wir bitten Sie darum, pünktlich in die Gruppe zu kommen. Ferner ist es für die Offenheit innerhalb der Gruppe wichtig, dass die Schweigepflicht von allen Teilnehmerinnen respektiert wird und keine persönlichen Dinge nach außen getragen werden. Bitte erzählen Sie uns nun, was Sie seit der letzten Stunde erlebt haben, wie es Ihnen momentan geht und wie es Ihnen mit Ihrem Kind geht.«
(Siehe »Anleitung zur Durchführung« [5.1].)

Besprechung der Übung zum Thema der letzten Stunde (»Krisenplan«)

»Welche Ergänzungen zum Krisenplan sind Ihnen noch eingefallen? Wen haben Sie ins Vertrauen gezogen? Welche Umsetzungsschwierigkeiten sind aufgetaucht?«

Jede Patientin berichtet von ihren Erfahrungen mit der Übung. Schwierigkeiten bei der Umsetzung werden durch die Therapeuten genauer exploriert, und es werden konkrete Hilfen erarbeitet. Die Therapeuten erfragen Kognitionen und Emotionen. Sie bestätigen erwünschtes Verhalten (z. B. Selbstbeobachtung zur Erkennung von Frühsymptomen) und regen an, das Verhalten auch nach der Gruppenbehandlung beizubehalten. Die Bedeutung des Krisenplans für ein adäquates Krisenmanagement zur Rezidivprophylaxe wird betont.

Beispiel:

Eine Patientin berichtet, dass es ihr bei der letzten Erkrankung nicht möglich gewesen ist, Frühwarnzeichen selbst zu erkennen. Sie habe z. B. geglaubt, dass die Schlafstörungen normal seien, da sie nachts ihr Kind habe versorgen müssen. Es wird daher mit der Patientin folgende Vorgehensweise erarbeitet: Sie soll mit ihrem Partner über ihre Frühwarnsymptome sprechen, damit dieser die Patientin in einer erneuten Krise darauf aufmerksam machen und sie unterstützen kann, sich Hilfe zu holen.

Einführung in das Thema der Stunde (»Rollenbilder«)

»In dieser Stunde geht es um das Thema ›Rollenbilder‹: Wir möchten mit Ihnen erarbeiten, was in unserer Gesellschaft im Allgemeinen von einer Frau und Mutter erwartet wird. Welche Rollen soll sie erfüllen? Wir zeigen Ihnen jetzt ein Bild. Kennen Sie eine solche Situation? Welche Erwartungen hat Ihre Umwelt an Sie? Welche Erwartungen haben Sie selbst an sich als Frau und Mutter? Gibt es dabei Widersprüche?«

Das Arbeitsblatt »Rollenbilder« wird an die Patientinnen ausgeteilt.

Sammeln von Rollenbildern

Anhand der Folie »Rollenbilder« (▶ Abb. 6.1) werden die unterschiedlichen Rollenbilder und Aufgaben der Mütter erarbeitet. Die Patientinnen berichten, in welchen Rollen sie sich erleben, welche Erwartungen sie selbst an sich haben und welche Erwartungen an sie herangetragen werden. Diese werden durch einen Therapeuten auf dem Flipchart festgehalten und in einem Kreisdiagramm geordnet (▶ Abb. 6.2).

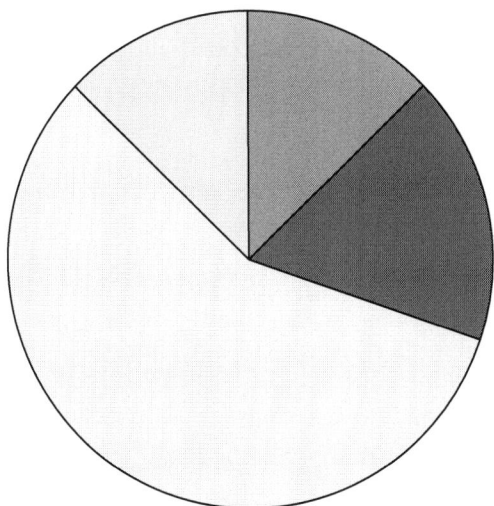

Abb. 6.2: Kreisdiagramm

Beispiele für verschiedene Rollen und Aufgaben der Patientinnen

- »Muttersein«
(Verantwortung für Kinder tragen, empathisch sein, verlässlich sein, Trost spenden)
- Kindererziehung
(liebevoll, konsequent, geduldig und kreativ sein, Regeln einüben, Grenzen setzen)
- Partnerschaft, alleinerziehend sein
(anteilnehmende Partnerin sein, erfüllte Sexualität leben, attraktive Frau bleiben)
- Soziales Engagement
(z. B. Elternbeirat im Kindergarten sein)
- Berufstätigkeit
(belastbar, leistungsfähig, erfolgreich, stabil, freundlich sein)
- Familienmanagement
(Freundeskreis pflegen, Termine für Krabbelgruppe, Babyschwimmen etc. koordinieren)
- Haushaltsführung
(kochen, waschen, einkaufen, aufräumen, putzen ...)

- Tochter sein
(Eltern sollen sich nicht vernachlässigt fühlen, sollen regelmäßigen Kontakt zu Enkelkindern halten, Auseinandersetzung mit der eigenen Mutter)
- Schwiegertochter sein
(adäquate Beziehung aufbauen und Kontakt zu Enkelkindern halten)
- Freundin sein
(verständnisvoll sein, in schwierigen Zeiten zur Seite stehen, Zeit haben)

Die Therapeuten verdeutlichen und wertschätzen die psychische und soziale Konstellation der Mutterschaft. Betont wird die große Umstellung im Leben der Frau durch die Geburt eines Kindes. Rollenkonflikte werden erarbeitet, z. B. fürsorgliche Mutter und gleichzeitig begehrenswerte Partnerin zu sein, sowie Konflikte mit eigenen Bedürfnissen. Ferner werden Auswirkungen der bestehenden psychiatrischen Erkrankung auf den Alltag mit Kind thematisiert.

Die Therapeuten sprechen die Patientinnen immer wieder an und ermuntern sie, eigene Erfahrungen darzustellen und sich individuell mit der Thematik auseinander zu setzen. Mütter, die zu spontanen Beiträgen nicht fähig sind (z. B. aufgrund einer Negativsymptomatik) werden direkt angesprochen und einbezogen. Die Therapeuten erfragen Kognitionen und Emotionen. Der interaktive Austausch wird gefördert.

Wir betonen ausdrücklich die Bedeutung des Themas für den Alltag mit Kind und weisen immer wieder darauf hin, in welcher Weise die bewusste Auseinandersetzung mit Rollenbildern/Konflikten zur Verbesserung der Mutter-Kind-Beziehung, z. B. durch Stressreduktion, beiträgt.

»Unser Kreisdiagramm macht deutlich, dass es nicht möglich ist, alle Rollen mit ihren vielfältigen Aufgaben zu gleichen Teilen auszufüllen. Dies kann zu Rollenkonflikten führen, was eine erhebliche Stressbelastung mit sich bringt. Es ist immer wieder erforderlich, dass Sie den Umfang der einzelnen Rollenanteile der momentanen Situation, dem jetzigen Lebensabschnitt anpassen. Zudem ist es wichtig, wie belastbar Sie jeweils aufgrund ihrer Erkrankung sind.

Um Sie bei der Alltagsbewältigung Ihrer vielfältigen Rollen und Aufgaben zu unterstützen, haben wir im ›kleinen Hilfplan‹ einige wichtige Grundregeln zusammengefasst.«

Die Therapeuten stellen die drei Punkte (P's) des »kleinen Hilfplans zur stressfreien Alltagsbewältigung« vor und notieren diesen auf dem Flipchart, die Patientinnen schreiben mit.

- **Prioritäten** setzen, Abstriche machen und sich dem Alltag mit Kind anpassen
- **Plan** erstellen
- **Pausen** machen

Der Therapeut kündigt an, dass individuelle Stressfaktoren und Bewältigungsstrategien in den entsprechenden Gruppensitzungen thematisiert werden und ermutigt die Patientinnen, individuelle Rollenkonflikte gegebenenfalls in einem anderen Setting zu bearbeiten.

Übung zum Thema der Stunde

»Beobachten Sie eine typische Situation aus ihrem Alltag, in der es zu einem Konflikt innerhalb Ihrer verschiedenen Rollen kommt. Probieren Sie die drei P's des ›kleinen Hilfeplans‹ aus.«

Blitzlicht zum Abschluss

»Wie geht es Ihnen jetzt? Gibt es etwas, das Sie besonders beschäftigt und das Sie uns noch mitteilen wollen?«

(Siehe »Anleitung zur Durchführung« [5.5].)

Abb. 6.3: Ansichtssache (Renate Alf, © Verlag Herder, Freiburg im Breisgau)

2. Stunde: »Neugierde an der Beobachtung des Kindes wecken«

Definition des Themas

Psychische Erkrankungen können die intuitiven mütterlichen Kompetenzen behindern. Diese universell angelegten, unwillkürlichen Verhaltensmuster bestimmen normalerweise von Geburt an die Interaktion mit dem Kind. Sie zeigen sich in der emotionalen Responsivität einer Mutter, nämlich in ihrer Fähigkeit, Signale ihres Kindes, seine Bedürfnisse und Kommunikationsangebote wahrzunehmen, sie richtig zu interpretieren und angemessen, d.h. der Situation und dem Entwicklungsstand des Kindes entsprechend, sowie prompt auf diese zu reagieren. Diese Art mütterlicher Feinfühligkeit stellt eine wichtige Entwicklungsvoraussetzung für das biologisch verankerte Bedürfnis des Kindes nach Kommunikation, Selbstwirksamkeit und Exploration dar. Dadurch unterstützt die Mutter das Kind in der Einübung seiner selbstregulatorischen Fähigkeiten und in seiner Aufmerksamkeitsentwicklung. Die Sensibilisierung einer Mutter für kindliche Signale und Bedürfnisse und für ihre mütterliche Reaktionsbereitschaft soll den dialogischen Austausch zwischen Mutter und Kind fördern und positive Erfahrungen in der Interaktion für beide ermöglichen.

Ziele der Stunde

Die Patientinnen werden für Signale und Bedürfnisse von Säuglingen und Kleinkindern sensibilisiert. Insbesondere lernen sie die Bedeutung der Reaktionen der Umwelt (z. B. der Mutter) kennen. Signale des eigenen Kindes und die mütterlichen Reaktionen hierauf werden herausgearbeitet und Erfahrungen in der Gruppe ausgetauscht. Die Patientinnen werden hinsichtlich krankheitsbedingter Beeinträchtigungen im Umgang mit dem Kind emotional entlastet.

Techniken

Zur Anwendung kommen Instruktion, Anregung zur Selbstbeobachtung, Verhaltensübung, -wiederholung, Vermittlung von entwicklungspsychologischen Informationen sowie Wahrnehmungsschulung mit Korrektur von Fehlinterpretationen kindlicher Signale.

Als Zusatzmaterial vorhandene Materialien

- Informationsblatt »Entwicklungsschritte der Kinder vom Säuglings- bis ins Kleinkindalter«
- Arbeitsblatt »Signale meines Kindes«
- Videosequenz »Neugierde an der Beobachtung des Kindes wecken«

Einstiegsrunde

Themen: momentane Befindlichkeit, Vorstellung neuer Gruppenmitglieder, Schweigepflicht.
»Wir beginnen mit unserer Einstiegsrunde. Neue Teilnehmerinnen bitten wir, sich und ihr Kind kurz vorzustellen. Es gibt zwei Gruppenregeln: Wir bitten Sie darum, pünktlich in die Gruppe zu kommen. Ferner ist es für die Offenheit innerhalb der Gruppe wichtig, dass die Schweigepflicht von allen Teilnehmerinnen respektiert wird und keine persönlichen Dinge nach außen getragen werden. Bitte erzählen Sie uns nun, was Sie seit der letzten Stunde erlebt haben, wie es Ihnen momentan geht und wie es Ihnen mit Ihrem Kind geht.«
(Siehe »Anleitung zur Durchführung« [5.1].)

Besprechung der Übung zum Thema der letzten Stunde (»Rollenkonflikte«)

»Welche typische Alltagssituation haben Sie gefunden, in der es zu einem Konflikt innerhalb Ihrer verschiedenen Rollen kam? Welche Punkte (P's) des ›kleinen Hilfeplans‹ zur stressfreieren Alltagsbewältigung haben Sie ausprobiert?«

Jede Patientin berichtet von ihren Erfahrungen mit der Übung. Schwierigkeiten werden durch die Therapeuten genauer exploriert, und es werden Hilfen für die Umsetzung erarbeitet. Die Therapeuten erfragen Kognitionen und Emotionen. Sie bestätigen sich selbst beobachtendes Verhalten und regen an, das Verhalten auch nach der Gruppenbehandlung beizubehalten. Erneut zeigen sie die Bedeutung des adäquaten Stressmanagements/der adäquaten Problemlösung auf, auch im Hinblick auf die langfristige psychische Stabilisierung und Rezidivprophylaxe. Besonders betont wird, dass durch die bessere Bewältigung der Rollenkonflikte im Alltag mehr Spaß am Kind und mit dem Kind möglich ist.

Beispiel:

Eine depressive Patientin berichtet von ihren Schwierigkeiten, als Mutter 24 Stunden für ihr Kind da sein zu wollen. Sie habe kein Bedürfnis danach, sich attraktiv darzustellen. Sie könne ihre Mutterrolle mit der Rolle, eine begehrenswerte Partnerin zu sein, nicht vereinbaren. Ihr Mann habe in der letzten Zeit oft ihr Aussehen kritisiert, was sie sehr verletzt und ihre Selbstsicherheit beeinträchtigt habe. Am Wochenende habe sie für sich Prioritäten gesetzt: Sie habe einen Babysitter organisiert, sich hübsch angezogen und sei mit ihrem Partner in ein nettes Lokal essen gegangen. Dies habe ihnen beiden gutgetan.

Einführung in das Thema der Stunde (»Neugierde an der Beobachtung des Kindes wecken«):

»In dieser Stunde geht es um das Thema ›Neugierde an der Beobachtung des Kindes wecken‹. Wir möchten Sie dazu einladen, ›Forscherin‹ zu sein und zu beobachten, welche Signale uns Kinder geben, was Sie uns damit sagen möchten und wie Mütter darauf reagieren. Hierzu sehen wir zunächst ein Videobeispiel an.«

Es wird ein Videobeispiel gezeigt, auf dem kindliche Signale und Reaktionen der Mutter zu sehen sind.

»Was ist Ihnen aufgefallen? Welche kindlichen Signale haben Sie bemerkt? Welche mütterlichen Reaktionen sind Ihnen aufgefallen? Welche Signale kennen Sie von Ihrem Kind? Wie haben Sie darauf reagiert?«

Die Therapeuten ermutigen die Patientinnen, sich zum Video zu äußern und zu berichten, was sie beobachtet haben (z. B. Blickkontakt des Kindes, freundlicher Gesichtsausdruck der Mutter, Laute des Kindes). Dabei können auch Fehlinterpretationen zur Sprache kommen (z. B. Patientin interpretiert den freundlichen Gesichtsausdruck der Mutter als von Hass erfüllt). Diese Fehlinterpretationen werden unter der Leitung der Therapeuten in der Gruppe korrigiert. Besonders betont wird, dass es keine »perfekte« Interaktion zwischen Eltern und Kind gibt.

Die Therapeuten regen die Patientinnen jetzt an, über ihre eigenen Erfahrungen zum Thema zu sprechen (»Ich kann nicht verstehen, was mein Kind mir durch sein Weinen mitteilen möchte.« – »Mein Kind schaut mich nicht an.« – »Mein Kind gibt mir keine Signale.« – »Ich kann nicht auf mein Kind eingehen.«). Die Therapeuten fragen die Patientinnen, ob sie Veränderungen der kindlichen Signale oder ihrer Reaktionen im Verlauf ihrer Erkrankung bemerkt haben (»Während meiner Erkrankung musste ich mich so stark auf das Wickeln konzentrieren, dass ich mein Kind nicht gleichzeitig anschauen bzw. mit ihm sprechen konnte.«). Die Therapeuten fragen insbesondere Mütter, denen es bereits besser geht. Jede Mutter wird einbezogen.

Die Therapeuten erfragen Kognitionen (z. B. »Mein Kind interessiert sich nicht für mich.«) und Emotionen (z. B. Resignation, Selbstunsicherheit). Sie bestätigen die Patientinnen in ihrer individuellen Darstellung des Themas. Anschließend arbeiten sie die generelle Bedeutung mit ihrer allgemeinen Regelhaftigkeit und Konsequenzen für die kindliche Entwicklung heraus.

»Jedes Kind hat von Natur aus das Bedürfnis, mit seiner Umwelt in Kontakt zu treten, und gibt Signale an seine Umwelt, durch die es seine Bedürfnisse mitteilt, z. B. Hunger, unbequemes Liegen, volle Windel. Um ein Kind zufrieden zu stellen, müssen Eltern die Signale ihres Kindes erkennen und verstehen lernen. Indem Eltern prompt und angemessen (an die Situation und den Zustand des Kindes) auf seine Signale reagieren, helfen sie ihrem Kind, sich wohlzufühlen. Gleichzeitig unterstützen sie ihr Kind dabei, seine Gefühlszustände kennen zu lernen bzw. zu regulieren. Dadurch dass ihr Kind eine Antwort auf seine Signale bekommt, z. B. ein Lächeln, einen Laut, einen Blickkontakt, macht es die Erfahrung, dass es bei seiner Mutter eine Reaktion hervorrufen kann, z. B., dass diese sich ihm zuwendet. So entwickelt das Kind Spaß am Austausch mit seiner Mutter.«

Mütter, die unter Schuld bzw. Insuffizienzgefühlen leiden, werden durch die Therapeuten und »Sharing« in der Gruppe emotional entlastet. Es wird betont, dass psychische Erkrankungen die intuitiven mütterlichen Fähigkeiten zur Interaktion mit dem Kind behindern können.

Beispiel:

Eine depressive Mutter berichtet darüber, dass sie insbesondere morgens keine Motivation habe, sich mit ihrem Kind zu beschäftigen, weshalb sie Blickkontakt vermeide und kaum mit ihm spreche. Dies verstärke wiederum ihre negativen Kognitionen, wie z. B. »Ich bin eine schlechte Mutter«, und bereite ihr erhebliche Schuldgefühle. Die Patientin wird darüber informiert, dass das Morgentief, das sie schildert, ein typisches Symptom der Depression ist. Unterstützend berichten andere Mütter über ähnliche Symptome, was die Patientin emotional entlastet.

Vermittlung von Informationen zum Thema »Neugierde an der Beobachtung des Kindes wecken«

Anhand des Informationsblattes zum Thema »Neugierde an der Beobachtung des Kindes werden« vermitteln die Therapeuten der Patientin entwicklungspsychologische Grundkenntnisse über wichtige Entwicklungsschritte der Kinder vom Säuglings- bis ins Kleinkindalter. Die Informationen werden in der Gruppe diskutiert. Im Anschluss daran wird nochmals die Videoaufnahme zum Thema der Stunde gezeigt, wobei die Patientinnen instruiert werden, gezielt auf Töne, Gesichtsausdruck und Bewegung des Kindes zu achten.

Übung zum Thema der Stunde:

»*Bitte beobachten Sie bis zur nächsten Stunde Signale Ihres Kindes und notieren diese.*«

Die Patientinnen erhalten am Ende der Stunde das Informations- und das Arbeitsblatt zum Thema »Neugierde an der Beobachtung des Kindes wecken« (▶ Kasten 6.1, ▶ Abb. 6.4).

Blitzlicht zum Abschluss

»*Wie geht es Ihnen jetzt? Gibt es etwas, das Sie besonders beschäftigt und das Sie uns noch mitteilen wollen?*«

(Siehe »Anleitung zur Durchführung« [5.5].)

Kasten 6.1: Die Entwicklungsschritte vom Säugling zum Kleinkind

Nach der Geburt benötigt der Säugling die Nähe zu Mutter, Vater oder einer anderen Bezugsperson, die ihm Zuwendung entgegenbringt. Zuwendung auch über die Haut zu erleben ist ein elementares Bedürfnis des Kindes. Indem es im Arm gehalten wird bzw. gestreichelt wird, lernt es, dass da jemand ist, auf den es sich verlassen kann, der ihm Halt gibt. Kinder mögen in diesem Alter eine Art »Hülle«, wie z. B. das Verdeck des Kinderwagens, einen »Himmel« über der Wiege oder einen Schlafsack, wodurch sie ebenfalls ein Gefühl von Geborgenheit vermittelt bekommen.

Da das Kind in den ersten Monaten noch nicht so weit sehen kann, ist es wichtig, dem Kind Aufmerksamkeit zu schenken, durch »Einander-gegenüber-Sein«, d. h., dass das Kind dem Erwachsenen ins Gesicht sehen kann, um z. B. dessen Gesichtsausdruck bzw. -bewegungen beobachten zu können. Nach acht bis zwölf Wochen sind Babys bereits in der Lage, ein Lächeln zu erwidern und soziale Kontakte selbst anzuknüpfen. Sie tun dies von sich aus, indem sie z. B. Blickkontakt zu anderen Menschen in der Umgebung aufnehmen und schauen, solange es ihnen behagt. Wird ihnen der Kontakt zu viel, wenden sie sich ab. Wichtig ist, dass Erwachsene den Blick des Kindes immer wieder zurückspiegeln.

In den ersten zwei bis drei Lebensjahren braucht ein Kind eine vertraute Bezugsperson in seiner Nähe. Es erkundet allmählich seine Umgebung, schaut jedoch immer wieder nach dem Erwachsenen, um sich zu vergewissern, dass alles in Ordnung ist und es sich sicher fühlen kann. Diese Erfahrung ist für das Kind wichtig, um ein eigenes Selbstwertgefühl zu entwickeln. Von Anfang an besitzen Kinder den Impuls zur Eigenaktivität, wodurch sie nach und nach immer neue Fähigkeiten erwerben und bisher noch Unerreichtes erreichen. Wichtig ist, ihm den Drang zur Eigenaktivität zu lassen und nicht zu versuchen, ihm alles zu erleichtern. Kinder brauchen Gelegenheit, eigene Fähigkeiten auszuprobieren.

Wichtig ist auch das Sprechen mit dem Kind, von Geburt an. Wortbedeutungen versteht der Säugling zwar noch nicht. Der Prozess der Sprachbildung setzt jedoch bereits ein, lange bevor das Kind selbst sprechen kann. Kommunikation zwischen Mutter und Kind ist notwendig, damit sich der Sprachsinn entwickeln kann.

Innerhalb des ersten Lebensjahres lernt das Kind zu stehen, im zweiten Lebensjahr zu gehen. Später lernt es Springen, Hüpfen, Trippeln, Wippen ... Alle diese Bewegungsarten sind notwendig, damit sich ein gesunder Bewegungsapparat entwickeln kann.

Im Alter von ca. zwölf Monaten tritt der Sinn für das »Ich« und das »Du« auf. Das Kind merkt nun, dass es das Handeln anderer Menschen direkt beeinflussen kann (wirft es z. B. seine Rassel aus dem Kinderwagen, so hebt die Mutter diese auf). Erste Ansätze hierfür finden sich schon mit ca. zwei Monaten. Wiederholungen sind für das Lernen wichtig!

Um das zweite Lebensjahr bemerkt das Kind, dass es sich selbst abgrenzen kann, die erste Trotzphase beginnt. Trotzanfälle können in diesem Alter noch gelegentlich beendet werden, indem die Aufmerksamkeit des Kindes auf etwas anderes gelenkt wird.

Im Alter zwischen zwei und drei Jahren entdeckt das Kind das Wort »ich«: »Ich will« sowie »Ich will nicht«; die zweite Trotzphase beginnt. In dieser Zeit erlebt das Kind die Auseinandersetzung mit dem eigenen Ich. Es braucht nun den Erwachsenen als verständnisvollen, aber auch konsequenten Begleiter, damit es lernen kann, dass es außer seinem eigenen »Ich« noch andere gibt. Parallel beginnt das Erinnerungsvermögen für Erlebnisse, die bereits wiederholt erlebt wurden. Das Kind kann nun schon kleinere Aufgaben übernehmen. Beliebt ist nun auch die Frage »Warum?«. Kinder fragen nicht immer, um etwas erklärt zu bekommen, sondern oft auch, weil für sie das Hin und Her der Worte eine vergnügliche Unterhaltung ist.

Während der gesamten Kleinkinderzeit haben Kinder Spaß an Reimen, Fingerspielen und Erzählungen (Kutik 2000, Largo 2002).

6 Therapiestunden

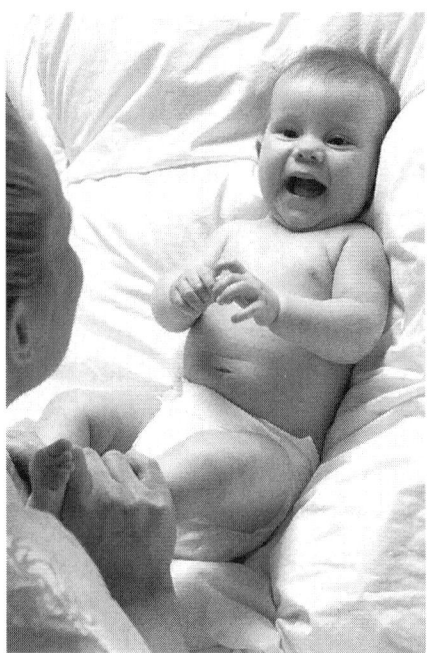

Abb. 6.4: Die Entwicklungsschritte vom Säugling zum Kleinkind

3. Stunde: »Die Bedeutung der beschreibenden Sprache«

Definition des Themas

Psychische Erkrankungen können die mütterlichen Kompetenzen in der Interaktion mit dem Kind behindern. Kontextbezogenes Benennen von Objekten, Personen und Tätigkeiten stellt eine Form der elterlichen Früherziehung dar, die beim Kind zur Förderung der Sprachentwicklung und Ausbildung von »innerer Sprache« und Problemlösestrategien beiträgt.

In der Stunde »Die Bedeutung der beschreibenden Sprache« geht es darum, die mütterlichen Verhaltensbereitschaften zur verbalen Kommunikation wiederzubeleben und eine positive Kommunikation zwischen Mutter und Kind anzubahnen. Eine dekompensatorische Entgleisung soll verhütet bzw. aufgehalten werden.

Beschreibende Sprache bedeutet, dass die Mutter dem Kind ihre aktuelle Interaktion beschreibt. Die Mutter kann dem Entwicklungszustand und der Situation angemessen dem Kind beschreiben, was sie tut, oder auch ihre emotionale Anteilnahme ausdrücken (was sie fühlt). Es gibt außerdem beschreibende Sprache für Handlungen, Wahrnehmungen und Gefühle des Kindes.

Ziele der Stunde

Die Patientinnen werden motiviert, im alltäglichen Umgang mit ihrem Kind, angemessen an die Situation und den Zustand des Kindes, die eigenen Gefühle und Handlungen zu beschreiben. Sie werden angeleitet, Gefühle, Wahrnehmung und Handlungen ihres Kindes zu benennen. Gleichzeitig werden Wahrnehmung und Aufmerksamkeit der Patientin für ihr Kind geschult und eventuell Fehlinterpretationen kindlicher Signale bzw. mütterlichen Affektausdrucks am Beispiel des Lehrvideos korrigiert. Auf diese Weise können die Mütter Kompetenzen entwickeln, die sie dabei unterstützen, die eigene Interaktion mit dem Kind richtig zu interpretieren. Die Anwendung beschreibender Sprache hilft psychisch kranken Müttern, ihre Handlungen mit dem Kind zu organisieren und zu strukturieren und ihre eigenen Gefühlszustände beim Umgang mit dem Kind differenziert und getrennt von kindlichen Affekten wahrzunehmen.

Techniken

Zur Anwendung kommen Instruktion, Modelllernen, Anregung zur Selbstbeobachtung, Verhaltensübung, -wiederholung, Rollenspiel bzw. Rollentausch, Informationsvermittlung sowie Wahrnehmungsschulung.

> **Als Zusatzmaterial vorhandene Materialien**
>
> - Informationsblatt »Beschreibende Sprache«
> - Arbeitsblatt »Beschreibende Sprache«
> - Videosequenz »Beschreibende Sprache«

Einstiegsrunde

Themen: momentane Befindlichkeit, Vorstellung neuer Gruppenmitglieder, Schweigepflicht.

»*Wir beginnen mit unserer Einstiegsrunde. Neue Teilnehmerinnen bitten wir, sich und ihr Kind kurz vorzustellen. Es gibt zwei Gruppenregeln: Wir bitten Sie darum, pünktlich in die Gruppe zu kommen. Ferner ist es für die Offenheit innerhalb der Gruppe wichtig, dass die Schweigepflicht von allen Teilnehmerinnen respektiert wird und keine persönlichen Dinge nach außen getragen werden. Bitte erzählen Sie uns nun, was Sie seit der letzten Stunde erlebt haben, wie es Ihnen momentan geht und wie es Ihnen mit Ihrem Kind geht.*«

(Siehe »Anleitung zur Durchführung« [5.1].)

Besprechung der Übung zum Thema der letzten Stunde (»Auf Signale des Kindes achten«)

»Welche Signale haben Sie an Ihrem Kind bemerkt, in welcher Situation? Welche Erfahrungen haben Sie dabei gemacht? Gab es Schwierigkeiten bei der Umsetzung der Übung der letzten Stunde (z. B. Konzentrationsstörungen, Energielosigkeit bzw. Irritationen)? Wie ging es Ihnen, wenn Sie Signale ihres Kindes bemerkt haben, welche Gedanken bzw. Gefühle haben sich eingestellt (z. B. wird das Kind als fremd und unverständlich erlebt)? Wo haben Sie das Gefühl im Körper gespürt?«

Jede Patientin berichtet von ihren Erfahrungen mit der Übung. Schwierigkeiten bei der Umsetzung bzw. Irritationen durch kindliche Signale werden durch die Therapeuten genauer exploriert, und es werden Hilfen für die Umsetzung der Übung erarbeitet. Fehlinterpretationen kindlicher Signale werden bearbeitet. Die Therapeuten bestätigen positives, kindlichen Bedürfnissen folgendes, beobachtendes Verhalten und regen die Verhaltensübung/-wiederholung über die Gruppenbehandlung hinaus an.

Beispiel:

Eine Mutter ist irritiert, weil sie bemerkt hat, dass ihr Kind im Spiel immer wieder seinen Blick von ihr abwendet. Sie macht sich Gedanken darüber, dass ihr Kind sie langweilig findet oder nicht mag. Die Therapeuten vermitteln der Patientin Informationen über die Bedeutung der Blickabwendung zur Selbstregulation.

Einführung in das Thema der Stunde (»Beschreibende Sprache«)

»In dieser Stunde geht es um das Thema ›Beschreibende Sprache‹. Beschreibende Sprache bedeutet, dass Mütter ihrem Kind mit eigenen Worten erklären, was sie gerade tun oder welche anteilnehmenden Gefühle sie für ihr Kind haben. Außerdem können sie beschreiben, was das Kind tut, fühlt oder wahrnimmt. Wir möchten Ihnen ein Videobeispiel zeigen. Bitte beobachten Sie, wann und wofür die Mutter beschreibende Sprache anwendet.«

Es wird ein Videobeispiel gezeigt, in dem »beschreibende Sprache« verwendet wird. Verschiedene Formen der beschreibenden Sprache werden gemeinsam mit den Patientinnen besprochen.

»Was ist Ihnen aufgefallen? Was beschreibt die Mutter ihrem Kind?«

Die Therapeuten ermutigen die Patientinnen, sich zum Video zu äußern und zu berichten, was sie beobachtet haben (z. B. beschreibt die Mutter ihrem Kind, dass sie es jetzt wickeln möchte, dass sie ihm Hose und Windel auszieht). Dabei können auch Fehlinterpretationen zur Sprache kommen. Diese werden unter der Leitung der Therapeuten in der Gruppe korrigiert.

Die Therapeuten regen die Patientinnen jetzt an, über ihre eigenen Erfahrungen zum Thema zu sprechen (z. B. »Ich weiß nicht, was mein Kind fühlt und habe keine

Worte dafür.« – »Ich erzähle meinem Baby meine Sorgen.« – »Ich spreche mit meinem Baby genauso wie mit meinem Mann.«). Die Therapeuten fragen die Patientinnen, ob sie Veränderungen der beschreibenden Sprache im Verlauf ihrer Erkrankung bemerkt haben (z. B. »Seit ich krank bin, fällt mir das Sprechen mit meinem Kind schwer.«). Die Therapeuten fragen insbesondere die Mütter, denen es bereits besser geht (z. B. »Seit ich mehr mit meinem Kind spreche, schaut es mich häufiger an und ist ganz wach und neugierig geworden.«). Jede Mutter wird einbezogen.

Die Therapeuten erfragen Kognitionen (z. B. »Ich muss nicht mit meinem Baby sprechen. Es versteht doch noch nicht, was ich sage.« – »Mein Mann spricht viel mehr mit meinem Kind. Er kann es besser.«) und Gefühle (z. B. Insuffizienz). Sie bestätigen die Patientinnen in ihrer individuellen Darstellung des Themas. Anschließend arbeiten sie die generelle Bedeutung mit ihrer allgemeinen Regelhaftigkeit und den Konsequenzen für die kindliche Entwicklung heraus.

»Dadurch, dass Sie beschreibende Sprache anwenden, zeigen Sie Ihrem Kind, dass Sie aufmerksam sind. Beschreiben ist eine ausgezeichnete Möglichkeit, Ihrem Kind seine Umgebung zu erklären. Ihr Kind lernt dabei sich und seine Mutter oder andere Bezugspersonen kennen. Es lernt, zwischen sich und der Außenwelt zu unterscheiden. Jedem Kind macht Lernen von Natur aus Spaß. Durch die beschreibende Sprache unterstützen Sie seine Lust am Lernen. Außerdem hilft Ihnen die beschreibende Sprache, komplizierte Handlungsabläufe besser zu organisieren und Situationen zu strukturieren. Hierdurch lernt auch Ihr Kind, Regelmäßigkeiten von Handlungsabläufen zu erkennen und besser einzuschätzen. Ihr Kind macht die Erfahrung, dass es sich auf Sie verlassen kann.«

Eventuelle Fehlinterpretationen kindlicher Signale bzw. des Affektausdruckes der Mutter im Video werden unter der Leitung des Therapeuten in der Gruppe korrigiert.

Mütter, die unter Schuld- bzw. Insuffizienzgefühlen leiden, werden durch die Therapeuten und »Sharing« in der Gruppe emotional entlastet. Es wird betont, dass psychische Erkrankungen die intuitiven mütterlichen Fähigkeiten zur Interaktion mit dem Kind behindern können.

Beispiel:

Eine schizophrene Mutter berichtet: »Ich habe bemerkt, wenn ich beim Füttern mit meinem Kind spreche, ist es ruhiger, es zappelt nicht mehr so viel, und es isst gerne. Das Füttern ist dadurch nicht mehr so anstrengend.«

Die Therapeuten bitten zwei Patientinnen, ein Rollenspiel durchzuführen. Eine typische Alltagssituation mit Kind (z. B. Spiel) soll ausgewählt werden. Eine Patientin spielt die Mutter, die beschreibende Sprache anwendet, die andere Patientin spielt das Kind.

Im Anschluss werden die Patientinnen sowie die übrigen Gruppenteilnehmerinnen gebeten, über ihre Erfahrungen zu berichten. Insbesondere die Sicht des Kindes soll dargestellt werden.

»Wie fühlt sich das Kind? Was glauben Sie, welche Erfahrung macht das Baby, wenn die Mutter beschreibende Sprache anwendet?«

Erneut zeigen die Therapeuten anhand der Schilderungen der Patientinnen die Bedeutung des Themas mit seinen Konsequenzen auf.

Vermittlung von Informationen zum Thema »Beschreibende Sprache«

Anhand des Informationsblattes »Beschreibende Sprache« (▶ Kasten 6.2, ▶ Abb. 6.5) erhalten die Patientinnen weitere Informationen.

»Durch die beschreibende Sprache lernt Ihr Kind die Welt kennen (Personen, Gegenstände, Handlungen, Situationen). Die beschreibende Sprache hilft auch beim Erlernen des Wortschatzes. Beschreibende Sprache ist außerdem wichtig, um Impulse des Kindes zu unterstützen. Hierdurch fördern Sie seine Autonomie. Die beschreibende Sprache hilft dem Kind zu erlernen, innerlich mit sich selbst zu sprechen (Selbstgespräche). Dies ist die Voraussetzung dafür, dass Ihr Kind später Problemlösestrategien finden kann.

Es ist wichtig, mit dem Kind in einer Sprache zu sprechen, die seiner Sprache ähnlich ist sowie seinem Entwicklungszustand angemessen ist. Wir unterscheiden verschiedene Formen der beschreibenden Sprache.«

Beschreibende Sprache für:

1. Die Handlung des Kindes (»Du baust einen tollen Turm.«),
2. die Wahrnehmung des Kindes (»Du hörst ein Vögelchen.«),
3. den emotionalen Zustand des Kindes (»Du bist traurig.«),
4. Handlungen des Elternteils (»Ich hole Dich jetzt aus dem Bettchen.«),
5. den emotionalen Zustand des Elternteils (»Ich bin glücklich, dass es Dich gibt.«).

Übung zum Thema der Stunde

»Bitte beobachten Sie Ihr sprachliches Verhalten dem Kind gegenüber bis zur nächsten Stunde und halten Sie fest, in welchen Situationen und in welcher Form Sie die beschreibende Sprache für ihr Kind anwenden.«

Die Patientinnen erhalten am Ende der Stunde das Informationsblatt und das Arbeitsblatt zum Thema »Beschreibende Sprache«.

Blitzlicht zum Abschluss

»Wie geht es Ihnen jetzt? Gibt es etwas, das Sie besonders beschäftigt und das Sie uns noch mitteilen wollen?«

(Siehe »Anleitung zur Durchführung« [5.5].)

Kasten 6.2: Die Funktion der beschreibenden Sprache

Durch die beschreibende Sprache lernt das Kind die Welt kennen (Personen, Gegenstände, Handlungen, Situationen). Es lernt, zwischen sich und der Außenwelt zu unterscheiden. Die beschreibende Sprache hilft auch beim Erlernen des Wortschatzes. Beschreibende Sprache ist außerdem wichtig, um Impulse des Kindes zu unterstützen. Hierdurch wird seine Autonomie gefördert. Die beschreibende Sprache hilft dem Kind zu erlernen, innerlich mit sich selbst zu sprechen (Selbstgespräche). Dies ist die Voraussetzung dafür, dass das Kind später Problemlösestrategien finden kann.

Außerdem hilft die beschreibende Sprache der Mutter, komplizierte Handlungsabläufe besser zu organisieren und Situationen zu strukturieren. Hierdurch lernt auch das Kind, Regelmäßigkeiten von Handlungsabläufen zu erkennen und besser einzuschätzen. Das Kind macht die Erfahrung, sich auf seine Mutter verlassen zu können.

Es ist wichtig, mit dem Kind in einer Sprache zu sprechen, die seiner Sprache ähnlich ist sowie seinem Entwicklungszustand angemessen ist.

Wir unterscheiden folgende Formen der beschreibenden Sprache:
Beschreibende Sprache für:

1. Die Handlung des Kindes
   (»Du baust einen tollen Turm.«),
2. die Wahrnehmung des Kindes
   (»Du hörst ein Vögelchen.«),
3. den emotionalen Zustand des Kindes
   (»Du bist traurig.«),
4. Handlungen des Elternteils
   (»Ich ziehe Dir eine Windel an.«),
5. den emotionalen Zustand des Elternteils
   (»Ich bin glücklich, dass es Dich gibt.«)

Abb. 6.5: Die Funktion der beschreibenden Sprache

4. Stunde: »Stressfaktoren«

Definition des Themas

Vor dem Hintergrund des Vulnerabilitäts-Stress-Modells von schizophrenen Störungen bzw. des bio-psychosozialen Entstehungsmodells von affektiven Störungen werden Stressfaktoren im Alltag mit dem Kind definiert, um in der nächsten Stunde (5. Stunde) Stressmanagement zu vermitteln. Die eigene Belastungsgrenze zu erkennen und Strategien zur Stressbewältigung anwenden zu können ist Voraussetzung für die Rezidivprophylaxe und langfristige Stabilisierung. Außerdem trägt die Stressreduktion dazu bei, den Alltag mit Kind bewältigen zu können, und verbessert die Qualität der Beziehung zum Kind.

Ziele der Stunde

Ziel ist die Identifikation persönlicher Stressfaktoren.

Techniken

Zur Anwendung kommen Anleitung zur Selbstbeobachtung, zur Identifikation persönlicher Belastungsfaktoren und zum Erkennen von Stresssymptomen, Verhaltensübung, -wiederholung sowie Psychoedukation.

> **Als Zusatzmaterial vorhandene Materialien**
>
> - Informationsblatt 1 »Definition von Stress«
> - Informationsblatt 2 »Körperliche Reaktionen bei Stress«
> - Informationsblatt 3 »Vulnerabilitäts-Stress-Modell«
> - Informationsblatt 4 »Typische Stressverläufe«
> - Informationsblatt 5 »Typische Stressverläufe«
> - Arbeitsblatt »Meine persönlichen Stressfaktoren«
> - Folie 1 »Definition von Stress«
> - Folie 2 »Körperliche Reaktionen bei Stress«
> - Folie 3 »Vulnerabilitäts-Stress-Modell«
> - Folie 4 »Typische Stressverläufe«
> - Folie 5 »Typische Stressverläufe«

Einstiegsrunde

Themen: momentane Befindlichkeit, Vorstellung neuer Gruppenmitglieder, Schweigepflicht.

»Wir beginnen mit unserer Einstiegsrunde. Neue Teilnehmerinnen bitten wir, sich und ihr Kind kurz vorzustellen. Es gibt zwei Gruppenregeln: Wir bitten Sie darum, pünktlich in die Gruppe zu kommen. Ferner ist es für die Offenheit innerhalb der Gruppe wichtig, dass die Schweigepflicht von allen Teilnehmerinnen respektiert wird und keine persönlichen Dinge nach außen getragen werden. Bitte erzählen Sie uns nun, was Sie seit der letzten Stunde erlebt haben, wie es Ihnen momentan geht und wie es Ihnen mit Ihrem Kind geht.«

(Siehe »Anleitung zur Durchführung« [5.1].)

Besprechung der Übung zum Thema der letzten Stunde (Notieren von Situationen, in denen die Mutter beschreibende Sprache anwendet)

»In welchen Situationen haben Sie beschreibende Sprache angewendet? Welche Erfahrungen haben Sie gemacht? Gab es Schwierigkeiten bei der Umsetzung? Haben Sie sich durch das Verhalten Ihres Kindes irritiert gefühlt? Welche Gedanken bzw. Gefühle haben sich eingestellt? Wo haben Sie das Gefühl im Körper gespürt?«

Jede Patientin berichtet von ihren Erfahrungen mit der Übung. Schwierigkeiten bei der Umsetzung werden durch die Therapeuten genauer exploriert, und es werden konkrete Hilfen für die Umsetzung der beschreibenden Sprache erarbeitet.

Die Therapeuten erfragen Kognitionen und Emotionen. Sie bestätigen erwünschtes Verhalten (z. B. die Anwendung von beschreibender Sprache) und regen an, das Verhalten auch nach der Gruppenbehandlung beizubehalten. Die Bedeutung der beschreibenden Sprache für die kognitive und emotionale Entwicklung des Kindes wird aufgezeigt.

> **Beispiel:**
>
> Eine schizophrene Patientin berichtet, die beschreibende Sprache helfe ihr, sich zu konzentrieren und komplizierte Handlungen mit dem Kind besser zu planen und nacheinander durchzuführen.

Einführung in das Thema der Stunde (»Stressfaktoren«)

»In dieser Stunde geht es um das Thema ›Stressfaktoren‹. Zur langfristigen Stabilisierung und zur Vorbeugung eines Krankheitsrückfalles ist es wichtig, die eigene Belastungsgrenze zu kennen. In der nächsten Stunde werden wir dann Strategien zur adäquaten Stressbewältigung erarbeiten.«

Anhand von Folien (»Stressfaktoren«; ▶ Abb. 6.6 und 6.7) wird den Patientinnen Stressentstehung erläutert und anhand des Vulnerabilitäts-Stress-Modells (▶ Abb. 6.8) die Bedeutung einer adäquaten Stressbewältigung aufgezeigt. Insbesondere wird die verminderte Belastbarkeit bei einer erhöhten Vulnerabilität für psychische Erkrankungen hervorgehoben, um die Patientinnen von Schuld- und Insuffizienzgefühlen zu entlasten. Wir weisen darauf hin, dass auch »positive Ereignisse«, wie die Geburt eines Kindes, belastend sein können.

Abb. 6.6: Stressdefinition (Physiologische und psychologische Reaktion des Individuums auf eine Anforderung)

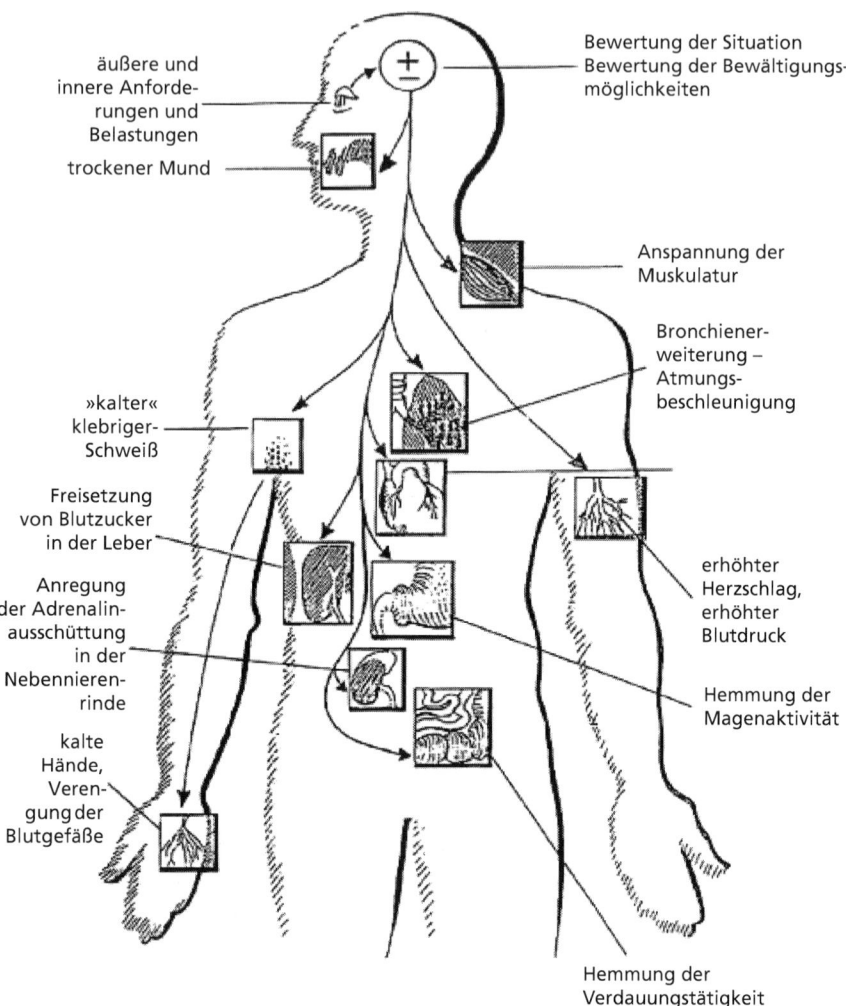

Abb. 6.7: Stressreaktionen des Körpers (modifiziert nach P. Seer 1979)

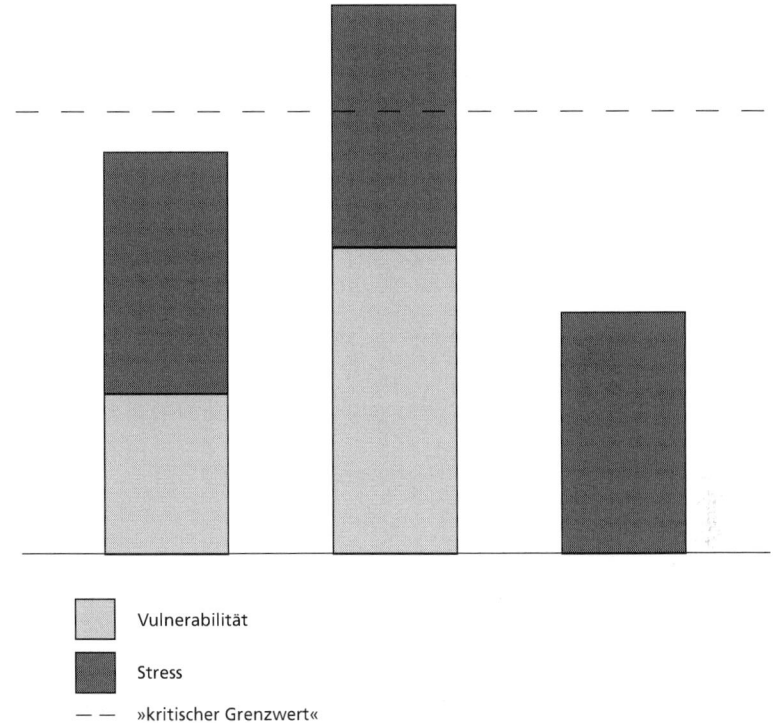

Abb. 6.8: Vulnerabilitäts-Stress-Modell (modifiziert nach Bäuml 1994)

Sammeln von Stressfaktoren

»*Welche Stressfaktoren kennen Sie aus dem Alltag mit Ihrem Kind? Welche Gedanken bzw. Gefühle haben Sie in Stresssituationen? Wo spüren Sie Stress im Körper? Welche Symptome bemerken Sie an sich?*«

Das Arbeitsblatt »Meine persönlichen Stressfaktoren« wird an die Patientinnen ausgeteilt.

Die Therapeuten erarbeiten reihum mit jeder Patientin individuelle Stressfaktoren, die die Mutterschaft betreffen. Ein Therapeut hält die von den Patientinnen genannten Stressfaktoren auf dem Flipchart fest, und jede Patientin schreibt ihre Stressfaktoren mit (die Notizen werden für die nächste Stunde benötigt, da anhand dieser Stressfaktoren Bewältigungsstrategien erarbeitet werden).

Anschließend werden Informationen zu Stressfaktoren gegeben (z. B. Informationsvermittlung über physiologische Veränderungen im Körper der Eltern beim Schreien des Kindes).

Beispiele für Stressfaktoren sowie mögliche Kognitionen der Patientinnen

- Schreien des Kindes.
  »Ich bin eine schlechte Mutter, weil ich es nicht schaffe, mein Kind zu beruhigen.«
- Schlafmangel, da das Kind mehrmals pro Nacht wach wird.
  »Ich versage als Mutter, weil ich Aggressionen gegenüber meinem Kind entwickle.«
- Verunsichernde, widersprüchliche Ratschläge durch Freunde, Angehörige oder Erziehungsratgeber.
  »Ich weiß überhaupt nicht mehr, was ich machen soll.«
- Den Alltag mit Kind meistern (Haushalt in Ordnung halten, Kind versorgen …).
  »Ich bin völlig überfordert mit Haushalt und Familie.«
- Mehreren Kindern gerecht werden.
  »Ich kann mich nicht zerreißen.«
- Verantwortung für das Kind haben.
  »Ich darf nicht krank werden. Ich muss funktionieren. Ich darf nichts falsch machen.«
- Unsicherheit mit dem neugeborenen Kind.
  »Ich könnte meinem Kind schaden, es ist doch so klein und verletzlich.«
- Viele Termine (Einkauf, Besuche von Freunden, Besuch einer Krabbelgruppe).
  »Wo soll ich anfangen? Am besten mache ich nichts mehr.«
- Perfektionistischer Anspruch.
  »Erst wenn alles in Ordnung ist, erlaube ich es mir, mit meinem Kind zu spielen.«
- Eigene Bedürfnisse vernachlässigen.
  »Ich bin egoistisch, wenn ich meinen Bedürfnissen nachgehe, statt mich um mein Kind zu kümmern.«
  »Erst wenn meine Kinder völlig zufrieden sind, darf ich mir etwas gönnen.«

Ängste um das Kind:

- Angst, das Kind könne sich verletzen,
- Angst, das Kind könnte krank sein,
- Angst, das Kind »falsch« zu erziehen,
- Angst, als Mutter zu versagen,
- Angst, dem Kind zu wenig Aufmerksamkeit zu geben,
- Angst vor sozialen Kontakten, z. B. mit anderen Müttern.

Mark Twain:
»Wenn wir schon kein Ziel haben,
sollten wir uns wenigstens beeilen.«

a) Aktivismus

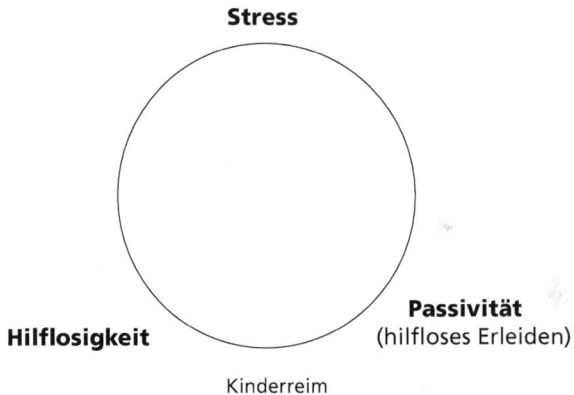

Kinderreim

»Ich bin ein kleines Pinkerl und steh' in meinem Winkerl,
und weil ich nichts kann, fang' ich nichts an.«

b) Passivität

Abb. 6.9: Zwei typische Stressreaktionen (modifiziert nach Wagner-Link 1995)

Die Therapeuten sprechen die Patientinnen immer wieder an und ermuntern sie, eigene Erfahrungen mit dem Thema der Stunde darzustellen und sich individuell mit der Thematik auseinander zu setzen. Mütter, die zu spontanen Beiträgen nicht fähig sind (z. B. aufgrund einer Negativsymptomatik), werden direkt angesprochen und einbezogen. Die Therapeuten erfragen Kognitionen und Emotionen. Der interaktive Austausch wird gefördert.

Wir betonen ausdrücklich die Bedeutung des Themas für den Alltag mit Kind und weisen immer wieder darauf hin, in welcher Weise das Thema zur Verbesserung der Mutter-Kind-Beziehung, z. B. durch Stressreduktion, beiträgt.

Übung zum Thema der Stunde

»*Sammeln Sie weitere Stressfaktoren aus dem Alltag mit Ihrem Kind und beobachten Sie, welche Gedanken bzw. Gefühle sich in Stresssituationen einstellen.*«

Die Informationsblätter zum Thema der Stunde werden an die Patientinnen ausgeteilt.

Blitzlicht zum Abschluss

»*Wie geht es Ihnen jetzt? Gibt es etwas, das Sie besonders beschäftigt und das Sie uns noch mitteilen wollen?*«

(Siehe »Anleitung zur Durchführung« [5.5].)

Abb. 6.10: Guter Ratschlag (Renate Alf, © Verlag Herder, Freiburg im Breisgau)

5. Stunde: »Stressbewältigungsstrategien«

Definition des Themas

Vor dem Hintergrund des Vulnerabilitäts-Stress-Modells bzw. des bio-psychosozialen Entstehungsmodells von affektiven Störungen wurden in der letzten Stunde (4. Stunde) Stressfaktoren definiert, anhand derer nun Stressmanagement vermittelt wird. Die eigene Belastungsgrenze zu kennen und Strategien zur Stressbewältigung anwenden zu können ist Voraussetzung für die Rezidivprophylaxe und langfristige Stabilisierung.

Außerdem trägt die Stressbewältigung dazu bei, den Alltag mit Kind positiv erleben zu können, und verbessert die Qualität der Beziehung zum Kind.

Ziele der Stunde

Ziele sind Identifikation und Überprüfung der bisher angewendeten Stressbewältigungsstrategien sowie Aufbau und Förderung geeigneter Bewältigungsstrategien.

Techniken

Es werden individuelle Stressbewältigungsstrategien definiert. Darüber hinaus kommen kognitive Techniken zur Überprüfung bzw. Änderung von Denkmustern, Techniken der Selbstinstruktion sowie Psychoedukation zur Anwendung.

> **Als Zusatzmaterial vorhandene Materialien**
>
> - Informationsblatt 1 »Stressbewältigung«
> - Informationsblatt 2 »Ansatzpunkte zur effektiven Stressbewältigung«
> - Arbeitsblatt »Meine persönlichen Bewältigungsstrategien«
> - Folie 1 »Stressbewältigung«
> - Folie 2 »Ansatzpunkte zur effektiven Stressbewältigung«

Einstiegsrunde

Themen: momentane Befindlichkeit, Vorstellung neuer Gruppenmitglieder, Schweigepflicht.

»*Wir beginnen mit unserer Einstiegsrunde. Neue Teilnehmerinnen bitten wir, sich und ihr Kind kurz vorzustellen. Es gibt zwei Gruppenregeln: Wir bitten Sie darum, pünktlich in die Gruppe zu kommen. Ferner ist es für die Offenheit innerhalb der Gruppe wichtig, dass die Schweigepflicht von allen Teilnehmerinnen respektiert wird und keine persönlichen Dinge nach außen getragen werden. Bitte erzählen Sie uns nun, was Sie seit der letzten Stunde erlebt haben, wie es Ihnen momentan geht und wie es Ihnen mit Ihrem Kind geht.*«

(Siehe »Anleitung zur Durchführung« [5.1].)

Besprechung der Übung zum Thema der letzten Stunde (Sammeln von Stressfaktoren und Beobachten von Gedanken und Gefühlen in Stresssituationen)

»In welchen Situationen haben Sie seit der letzten Stunde im Alltag mit ihrem Kind Stress erlebt? Welche Faktoren haben den Stress ausgelöst? Welche Gedanken bzw. Gefühle haben Sie in Stresssituationen an sich beobachtet? Wo haben Sie das Gefühl im Körper gespürt?«

Für neu hinzugekommene Teilnehmerinnen werden individuelle Stressfaktoren definiert und in die Liste der Stressfaktoren, die in der letzten Stunde erstellt wurde, aufgenommen.

Jede Patientin berichtet von ihren Erfahrungen mit der Übung. Schwierigkeiten bei der Umsetzung (z. B. Erkennen von Stressfaktoren) werden durch die Therapeuten genauer exploriert, und es werden konkrete Hilfen erarbeitet. Die Therapeuten erfragen Kognitionen und Emotionen. Sie bestätigen erwünschtes Verhalten (z. B. Selbstbeobachtung zur Erkennung von Stressfaktoren) und regen an, das Verhalten auch nach der Gruppenbehandlung beizubehalten. Die Therapeuten zeigen erneut die Bedeutung des adäquaten Stressmanagements im Hinblick auf die langfristige Stabilisierung bzw. Rezidivprophylaxe auf. Besonders betonen sie dabei auch den Aspekt, dass man durch einen stressfreieren Alltag mehr Spaß an und mit dem Kind haben kann.

> **Beispiel:**
>
> Eine depressive Patientin berichtet, dass sie, wenn ihr Kind schreie, mit Symptomen wie z. B. Schwitzen und Herzrasen reagiere. Sie entwickle dadurch den Gedanken: »Ich habe Angst vor meinem Kind.«, der sie beunruhige, irritiere und ihr auch Angst bereite. Mit der Patientin wurde erarbeitet, dass die geschilderten Symptome wie Herzrasen und Schwitzen typische Stresssymptome auf den Stressfaktor »Schreien des Kindes« sind.

Einführung in das Thema der Stunde (»Stressbewältigungsstrategien«):

»In dieser Stunde geht es um das Thema ›Stressbewältigungsstrategien‹. Zur langfristigen Stabilisierung und Vorbeugung eines Krankheitsrückfalls ist es wichtig, die eigene Belastungsgrenze zu kennen, um Strategien zur adäquaten Stressbewältigung anwenden zu können. Außerdem werden Sie durch einen stressfreieren Alltag die Beziehung zu Ihrem Kind mehr genießen können.«

Anhand von Folien (»Stressbewältigungsstrategien«) wird den Patientinnen Stressmanagement erläutert (▶ Abb. 6.11). Verdeutlicht wird der Aspekt, dass Gedanken, Verhalten und Gefühle sich gegenseitig beeinflussen. Informationen über

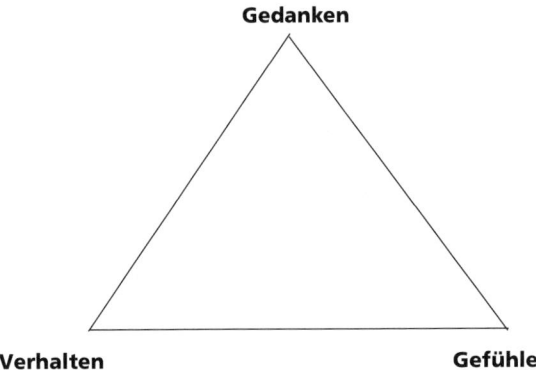

Abb. 6.11: Stressbewältigung mithilfe von Gedanken, Verhalten und Gefühlen

Ansatzpunkte zur effektiven Stressbewältigung und Voraussetzungen für eine bessere Stressbewältigung werden aufgezeigt (▶ Kasten 6.3).

Kasten 6.3: Methoden zur Stressbewältigung

> **Ansatzpunkte zur effektiven Stressbewältigung**
>
> 1. bei den Stressfaktoren
>   z. B. Zeitmanagement, Delegieren
> 2. bei der eigenen Person
>   z. B. eigene Belastbarkeit erhöhen (durch Entspannung), positives Verhalten aufbauen (Hobby, regelmäßiges Spielen mit dem Kind), Bewertung der Stresssituation verändern
>   (z. B. positive Selbstinstruktion, Bagatellisierung, Ablenkung, Situations-, Reaktionskontrolle, Abschirmung)
> 3. bei den Stresssituationen
>   z. B. Erregungsspitzen kappen, Aufschaukelung verhindern, schnelle Erholung ermöglichen (Spontanentspannung, Kurzpausen), Hilfe holen

Erarbeiten von Stressbewältigungsstrategien

»*Welche Verhaltensweisen, Gedanken bzw. Gefühle zur Stressverminderung kennen Sie aus Ihrem Alltag mit Kind?*«

Das Arbeitsblatt »Meine persönlichen Stressbewältigungsstrategien« wird an die Patientinnen ausgeteilt.

Die Therapeuten erarbeiten reihum mit jeder Patientin anhand der gesammelten Stressfaktoren individuelle Stressbewältigungsstrategien, die den Alltag mit Kind betreffen (▶ Tab. 6.1). Der Therapeut hält die erarbeiteten Bewältigungsstrategien auf dem Flipchart fest, jede Patientin schreibt ihre Bewältigungsstrategien mit.

Tab. 6.1: Beispiele für Stressbewältigungsstrategien

Stressfaktoren	Bewältigungsstrategien
Schreien des Kindes Kognitionen: • »Ich bin eine schlechte Mutter.« • »Ich schaffe es noch nicht einmal, mein Kind zu beruhigen.« Gefühle: • Angst, Traurigkeit, Hilflosigkeit	• »Erst mal ruhig bleiben.« • »Ich kann die Situation bewältigen.« • Entspannungstechnik: tief ein- und ausatmen
Bedürfnisse mehrerer Kinder befriedigen müssen. Kognitionen: • »Ich möchte es jedem recht machen.« »Ich bin verantwortlich für meine Kinder.« • »Ich bin egoistisch, wenn ich nicht sofort die Bedürfnisse meiner Kinder befriedige.« Gefühle: • schlechtes Gewissen, Überforderung, Unsicherheit	• »Moment mal.« »Eines nach dem anderen.« »Ich schaffe mir erst mal einen Überblick.« • »Auch Kinder müssen lernen zu warten. Es ist wichtig für die soziale Entwicklung meines Kindes, wenn es lernt, zu warten.«
Alltag mit dem Kind (z. B. Versorgen des Kindes, Haushalt, Spielen mit dem Kind, Einkaufen, Arztbesuche) Kognitionen: • »Ich habe doch nur ein Kind, wie schaffen das andere Mütter mit mehreren Kindern.« • »Ich bin schlechter als die anderen Mütter.« Gefühle: • Unfähigkeit, Minderwertigkeit	• Zeitmanagement (z. B. Plan aufstellen) • Hilfe holen, z. B. Haushaltshilfe • Schlafzeiten des Kindes nutzen, um Zeit für sich selbst zu haben, entspannen zu können, Energie tanken zu können • »Ich schaffe den Alltag.« »Alles halb so schlimm.« »Ich muss nicht alles auf einmal erledigen.« • »Manches bleibt eben jetzt liegen. Mein Kind kommt nicht zu kurz. Für die Entwicklung meines Kindes ist es wichtig, dass es mir gut geht.«
Abgeben des Kindes (z. B. an Partner, Großeltern, Babysitter) Kognitionen: • »Mein Kind könnte weinen.« • »Ich bin eine schlechte Mutter, wenn ich mein Kind abgebe.« • »Ich verliere die Kontrolle über mein Kind.« • »Die anderen können besser mit meinem Kind umgehen. Mein Kind mag die anderen lieber.« Gefühle: • Sorge um das Kind, Angst zu versagen, Verlustangst, Eifersucht, Ärger	• »Mein Kind lässt sich beruhigen.« »Mein Kind ist gut versorgt.« »Ich trenne mich nur für kurze Zeit von meinem Kind.« • »Es ist gut für mein Kind. Es fördert die Selbstständigkeitsentwicklung meines Kindes.« • »Wenn es mit dem Vater oder den Großeltern spielt, macht es neue Erfahrungen.«

Tab. 6.1: Beispiele für Stressbewältigungsstrategien – Fortsetzung

Stressfaktoren	Bewältigungsstrategien
Bedürfnisse des Säuglings bestimmen den Alltag der Mutter Kognitionen: • »Ich bin der Sklave meines Kindes.« »Ich verliere durch mein Kind meine Freiheit.« Gefühle: • Resignation, Selbstaufgabe, Ärger	• Regelmäßig positive Aktivitäten ausüben (z. B. Spaziergang, Sport, Entspannungsverfahren, in Ruhe einkaufen gehen [ohne Kind], einen Abend mit dem Partner verbringen) • »Mein Kind wird immer selbstständiger.« • »Alles eine Frage der Zeit.« »Je älter mein Kind wird, desto selbstständiger wird mein Kind. Dann habe ich wieder Zeit für mich.«

Die Therapeuten regen die Patientinnen jetzt an, über ihre eigenen Erfahrungen zum Thema zu sprechen. Die Therapeuten fragen nach, ob sie Veränderungen der Stressbewältigung im Verlauf ihrer Erkrankung bemerkt haben. Jede Mutter wird einbezogen.

Die Therapeuten erfragen Kognitionen und Gefühle. Sie bestätigen die Patientinnen in ihrer individuellen Darstellung des Themas. Anschließend arbeiten sie die generelle Bedeutung mit ihrer allgemeinen Regelhaftigkeit und Konsequenzen für die kindliche Entwicklung heraus. Sie betonen ausdrücklich die Bedeutung des Themas für den Alltag mit Kind und weisen immer wieder darauf hin, in welcher Weise die adäquate Stressbewältigung zur Verbesserung der Mutter-Kind-Beziehung beiträgt.

Mütter, die unter Schuld- bzw. Insuffizienzgefühlen leiden, werden durch die Therapeuten und »Sharing« in der Gruppe emotional entlastet.

Übung zum Thema der Stunde

»*Probieren Sie die erarbeiteten Stressbewältigungsstrategien im Alltag aus.*«

Die Informationsblätter zum Thema der Stunde werden an die Patientinnen ausgeteilt.

Blitzlicht zum Abschluss

»*Wie geht es Ihnen jetzt? Gibt es etwas, das Sie besonders beschäftigt und das Sie uns noch mitteilen wollen?*«

(Siehe »Anleitung zur Durchführung« [5.5].)

6. Stunde: »Kindlichen Signalen ein Echo geben (Matching)«

Definition des Themas

Indem Mütter oder andere Bezugspersonen den kindlichen akustischen und mimischen Signalen ein Echo geben, spiegeln sie den kindlichen Affekt wider (Matching). Hierdurch wird eine Antwort des Kindes im Sinne des interaktiven Austauschs ausgelöst. Im Matching initiiert die Mutter eine Kette von wechselseitigem Austausch zwischen Mutter und Kind. Dieses ebenfalls akustische oder mimische »Echo« auf kindliche Signale ist eine Form des »Matchings«. Mütter haben die intuitive Fähigkeit, positive kindliche Affekte durch ihr Echo zu verstärken und negative kindliche Affekte, z. B. Angst oder Unmut, durch ein leicht verändertes Echo zu mildern bzw. positiv zu beeinflussen. Hierdurch unterstützen sie die Affektregulation des Kindes. Matching der Mutter ist eine wichtige Voraussetzung für die Entwicklung der biologisch verankerten Bedürfnisse des Kindes nach Kommunikation und Selbstwirksamkeit und unterstützt das Kind in der Einübung seiner selbstregulatorischen Fähigkeiten.

In der Stunde »Kindlichen Signalen ein Echo geben (Matching)« geht es darum, die mütterliche Verhaltensbereitschaft der Responsivität (die Fähigkeit, kindliche Signale wahrzunehmen, diese richtig zu interpretieren und angemessen und prompt zu reagieren) anzubahnen und wiederzubeleben und einer dekompensatorischen Entgleisung der Kommunikation vorzubeugen.

Ziele der Stunde

Die entwicklungspsychologische Bedeutung von Responsivität zur Unterstützung der kindlichen Affektregulation wird vermittelt. Die Patientinnen werden motiviert, kindlichen Signalen ein Echo zu geben, um hierdurch die mütterliche Responsivität anzubahnen und das Vertrauen in ihre intuitiven Kompetenzen zu fördern. Gleichzeitig werden sie geschult, die Reaktion ihres Kindes auf das Echo wahrzunehmen, um sich selbst ihrem Kind gegenüber als »wirksame Mutter« zu erleben. Fehlinterpretationen kindlicher Signale bzw. des mütterlichen affektiven Ausdrucks werden am Beispiel des Lehrvideos korrigiert.

Techniken

Zur Anwendung kommen Instruktion, Modelllernen, Anregung zur Selbstbeobachtung sowie Verhaltensübung bzw. -wiederholung. Darüber hinaus werden Informationen vermittelt, und die Wahrnehmung der Patientinnen wird geschult, wobei die Korrektur von Fehlinterpretationen kindlicher Signale bzw. des Affektausdrucks nach Bedarf am Beispiel des Videomodells erfolgt.

> **Als Zusatzmaterial vorhandene Materialien**
>
> - Informationsblatt »Kindlichen Signalen ein Echo geben (Matching)«
> - Arbeitsblatt »Kindlichen Signalen ein Echo geben (Matching)«
> - Zwei Videosequenzen zum Thema »Kindlichen Signalen ein Echo geben (Matching)«

Einstiegsrunde

Themen: momentane Befindlichkeit, Vorstellung neuer Gruppenmitglieder, Schweigepflicht.

»Wir beginnen mit unserer Einstiegsrunde. Neue Teilnehmerinnen bitten wir, sich und ihr Kind kurz vorzustellen. Es gibt zwei Gruppenregeln: Wir bitten Sie darum, pünktlich in die Gruppe zu kommen. Ferner ist es für die Offenheit innerhalb der Gruppe wichtig, dass die Schweigepflicht von allen Teilnehmerinnen respektiert wird und keine persönlichen Dinge nach außen getragen werden. Bitte erzählen Sie uns nun, was Sie seit der letzten Stunde erlebt haben, wie es Ihnen momentan geht und wie es Ihnen mit Ihrem Kind geht.«

(Siehe »Anleitung zur Durchführung« [5.1].)

Besprechung der Übung zum Thema der letzten Stunde (Einüben von Stressbewältigungsstrategien im Alltag)

»Welche Stressbewältigungsstrategie haben Sie in welcher Situation angewendet? Welche Erfahrungen haben Sie gemacht? Gab es Schwierigkeiten bei der Umsetzung? Wie ging es Ihnen danach, welche Gedanken bzw. Gefühle haben sich eingestellt? Wo haben Sie das Gefühl im Körper gespürt?«

Jede Patientin berichtet von ihren Erfahrungen mit der Übung. Schwierigkeiten bei der Umsetzung werden durch die Therapeuten genauer exploriert, und es werden konkrete Hilfen erarbeitet. Die Therapeuten erfragen Kognitionen und Emotionen. Sie bestätigen erwünschtes Verhalten und regen an, das Verhalten auch nach der Gruppenbehandlung beizubehalten. Erneut zeigen die Therapeuten die Bedeutung adäquater Stressbewältigung im Alltag mit dem Kind auf.

Beispiel:

Eine Patientin berichtet, dass ihr Kind sich beim Essen verschluckt und daraufhin erbrochen habe. Anders als sonst, habe sie nicht hektisch reagiert, sondern sie habe sich beruhigt, indem sie sich selbst instruiert habe: »Bleib ganz ruhig«. Hierdurch sei sie ruhig geworden und habe ihrem Kind helfen können.

Einführung in das Thema der Stunde (»Kindlichen Signalen ein Echo geben [Matching]«)

»In dieser Stunde geht es um das Thema ›Kindlichen Signalen ein Echo geben (Matching)‹. Wir möchten Ihnen ein Videobeispiel zeigen. Bitte beobachten Sie, wo die Mutter ein Echo auf kindliche Signale gibt.«

Es wird ein Videobeispiel gezeigt, in dem »Matching« zu sehen ist. Verschiedene Formen von »Matching« (Echo auf akustische und mimische Signale des Kindes durch die Mutter) werden gemeinsam mit den Patientinnen erarbeitet.

»Was haben Sie wahrgenommen? Wann gibt die Mutter ein Echo? Wie gibt die Mutter ein Echo?«

Die Therapeuten ermutigen die Patientinnen, sich zum Video zu äußern und zu berichten, was sie beobachtet haben (z. B. Gesichtsausdruck von Mutter und Kind, Laute von Mutter und Kind, Stimmung zwischen Mutter und Kind). Dabei können auch Fehlinterpretationen zur Sprache kommen. Diese werden unter der Leitung der Therapeuten in der Gruppe korrigiert.

Die Therapeuten regen die Patientinnen jetzt an, über ihre eigenen Erfahrungen zum Thema zu sprechen (z. B. »Ich stehe unter Druck, auf jedes Signal meines Kindes zu reagieren, um eine gute Mutter zu sein. Das erschöpft mich.«). Die Therapeuten fragen nach, ob sie Veränderungen ihres Echos im Verlauf ihrer Erkrankung bemerkt haben (z. B. »Während meiner Erkrankung bin ich immer hektischer geworden, habe immer schneller auf mein Kind reagiert.«). Die Therapeuten fragen insbesondere die Mütter, denen es bereits besser geht. Jede Mutter wird einbezogen.

Die Therapeuten erfragen Kognitionen (z. B. »Ich bin unfähig, auf mein Kind zu reagieren.« – »Wenn ich auf mein Kind eingehe, fühle ich nichts dabei. Ich spüre nicht, ob mein Kind mein Lächeln wahrnimmt. So werde ich immer unsicherer.«) und Gefühle (z. B. Insuffizienz-, Schuldgefühle). Sie bestätigen die Patientinnen in ihrer individuellen Darstellung des Themas. Anschließend arbeiten sie die generelle Bedeutung mit ihrer allgemeinen Regelhaftigkeit und Konsequenzen für die kindliche Entwicklung heraus.

»Dadurch, dass das Kind ein Echo auf seine Signale bekommt, macht es eine positive Erfahrung. Es macht die Erfahrung, selbst etwas bewirken zu können und eine Reaktion bei seiner Mutter hervorrufen zu können. Weil ein Echo erfolgt, entwickelt das Kind Spaß am Austausch mit seiner Mutter und zeigt das Verhalten häufiger. Aus ihrem Echo lernt das Kind, intuitiv seine Gefühle wahrzunehmen und zu regulieren.«

Mütter, die unter Schuld- bzw. Insuffizienzgefühlen leiden, werden durch die Therapeuten und »Sharing« in der Gruppe emotional entlastet. Es wird betont, dass psychische Erkrankungen die intuitiven mütterlichen Fähigkeiten zur Interaktion mit dem Kind behindern können.

Ein zweites Videobeispiel wird gezeigt, in dem ein Kind einen Laut äußert. Hier wird das Video gestoppt. Im Anschluss wird individuell mit jeder Patientin erarbeitet, wie ein Echo sein könnte, und dieses wird praktisch, durch Lautäußerungen, geübt. Die Therapeuten merken insbesondere an, dass es kein richtiges bzw. falsches Echo auf das Signal des Kindes gibt, und ermutigen die Patientinnen, spontan darauf zu reagieren und auf ihre intuitiven Kompetenzen zu vertrauen.

Beispiel:

Eine depressive Mutter berichtet über ihre Erfahrungen mit »Matching« im Verlauf ihrer Erkrankung: »Als es mir sehr schlecht ging, hatte ich keine Energie, auf mein Kind zu reagieren. Ich habe sogar bewusst mein Kind nicht angesehen, da ich geglaubt habe, es könne meinen seelischen Zustand wahrnehmen und dadurch Schaden nehmen. Seit es mir besser geht, habe ich wieder mehr Freude daran, ein Echo auf Signale meines Kindes zu geben. Darüber, dass mein Kind dann wiederum auf mich reagiert, entwickelt sich ein positives Gefühl in meinem Körper, meine Stimmung wird besser, und ich gebe häufiger ein Echo.«

Vermittlung von Informationen zum Thema »Kindlichen Signalen ein Echo geben (Matching)«

Anhand des Informationsblattes »Matching« (▶ Kasten 6.4, ▶ Abb. 6.12) erläutern die Therapeuten das Thema:

»*Der Begriff ›Matching‹ bedeutet, dass wir auf kindliche akustische Signale ein Echo geben oder mit unserem Gesichtsausdruck den kindlichen Gesichtsausdruck zurückspiegeln. Durch ›Matching‹ erfährt das Kind, dass es im Kontakt mit anderen ist. Es macht erste Kommunikationserfahrungen, die eine Grundlage dafür sind, wie Ihr Kind später mit anderen Menschen Kontakt aufnimmt und Beziehungen aufbaut. Indem Sie auf das Signal Ihres Kindes ein Echo geben, macht es die Erfahrung, dass es eine Reaktion seiner Mutter hervorrufen kann (Selbstwirksamkeit). Durch solche Erfahrungen unterstützen Sie Ihr Kind darin, dass es im Austausch mit der Umwelt seine eigenen Fähigkeiten kennen lernt und sein Selbstbewusstsein aufbauen kann.*

Der Begriff ›Matching‹ beinhaltet auch, einen Gefühlszustand des Kindes wiederzugeben. Wir wissen, dass vor allem negative Gefühle durch die Bezugsperson nicht ›wortwörtlich‹ wiederholt werden, sondern der Gefühlszustand des Kindes positiv regulierend wiedergegeben wird. Damit helfen Sie Ihrem Kind, mit seinen eigenen Gefühlen umgehen zu lernen und nicht von ihnen überwältigt zu werden.

Dies bedeutet nicht, dass Sie jedes Signal Ihres Kindes mit einem Echo beantworten müssen. Viele Signale werden von Ihnen im Alltag intuitiv, d. h. unbemerkt erwidert. Wenn die Bezugsperson jedoch zu viel und zu schnell reagiert, wird das Kind irritiert. Untersuchungsergebnisse haben gezeigt, dass normalerweise in allen Mutter-Kind-Beziehungen mehr ›Mismatching‹ (d. h. Interaktion mit gestörtem Rhythmus) als ›Matching‹ auftritt und dies eine gesunde Entwicklungsbedingung für das Kind darstellt.«

Die Patientinnen haben die Möglichkeit, Fragen zu stellen.

Übung zum Thema der Stunde

»Bitte beobachten Sie bis zur nächsten Stunde ihr Verhalten und halten fest, in welchen Situationen und auf welche Art Sie ein Echo auf kindliche Signale geben.«

Die Patientinnen erhalten am Ende der Stunde das Informationsblatt und das Arbeitsblatt zum Thema »Kindlichen Signalen ein Echo geben (Matching)«.

Blitzlicht zum Abschluss

»Wie geht es Ihnen jetzt? Gibt es etwas, das Sie besonders beschäftigt und das Sie uns noch mitteilen wollen?«

(Siehe »Anleitung zur Durchführung« [5.5].)

Kasten 6.4: Kindlichen Signalen ein Echo geben (Matching)

> Der Begriff »Matching« bedeutet, dass wir auf kindliche akustische Signale ein Echo geben bzw. mit unserem Gesichtsausdruck ein Spiegelbild des kindlichen Gesichtsausdrucks sind. Durch »Matching« erfährt das Kind, dass es im Kontakt mit anderen ist. Es erlernt Grundlagen der Kommunikation, die eine wichtige Voraussetzung dafür sind, wie das Kind später mit anderen Menschen Kontakt und Beziehungen aufbaut. Indem die Mutter auf das Signal ihres Kindes ein Echo gibt, macht es die Erfahrung, dass es eine Reaktion seiner Mutter hervorrufen kann (Selbstwirksamkeit). Mit solchen Erfahrungen wird das Kind darin unterstützt, dass es im Austausch mit der Umwelt seine eigenen Fähigkeiten kennen lernt und ein Selbstbewusstsein aufbauen kann.
>
> Der Begiff »Matching« beinhaltet auch das Wiedergeben eines Gefühlszustandes. Wir wissen, dass insbesondere negative Gefühle durch die Bezugsperson nicht »wortwörtlich« wiederholt werden, sondern der Gefühlszustand des Kindes positiv regulierend wiedergegeben wird. Damit hilft sie ihrem Kind, mit seinen eigenen Gefühlen umgehen zu lernen und nicht von ihnen überwältigt zu werden.
>
> Dies bedeutet nicht, dass die Bezugsperson jedes Signal des Kindes mit einem Echo beantwortet. Viele Signale werden im Alltag intuitiv, d. h. unbemerkt, erwidert. Es hat sich aber auch gezeigt, dass es Kinder irritiert, wenn die Bezugsperson zu viel und zu schnell reagiert. Untersuchungsergebnisse haben gezeigt, dass normalerweise in allen Mutter-Kind-Beziehungen mehr »Mismatching« (d. h. Interaktion mit gestörtem Rhythmus) als »Matching« auftritt und dies eine gesunde Entwicklungsbedingung für das Kind darstellt.

Abb. 6.12: Matching

7. Stunde: »Beruhigungstechniken«

Definition des Themas

»Schreien« von Babys und Kleinkindern wird von psychisch kranken Müttern als sehr belastend erlebt. Psychische Erkrankungen können die mütterlichen Kompetenzen, das eigene Kind zu beruhigen, behindern.

In der Stunde »Beruhigungstechniken« geht es darum, die mütterlichen Verhaltensbereitschaften, mit denen das Kind beruhigt wird, wiederzubeleben und eine positive Kommunikation zwischen Mutter und Kind anzubahnen. Eine dekompensatorische Entgleisung der Kommunikation soll verhütet bzw. aufgehalten werden. Durch die Sensibilisierung für verschiedene, individuell unterschiedliche Beruhigungstechniken und durch die Analyse von Gründen für kindliches Schreien erfahren die Patientinnen Unterstützung und emotionale Entlastung für die Bewältigung von schwierigen Situationen mit ihrem Kind.

Ziele der Stunde

Die Patientinnen lernen Gründe für das Schreien ihres Kindes und verschiedene Techniken zur Beruhigung kennen. Es werden ihnen Kompetenzen zur Problemlösung vermittelt und individuelle Stressbewältigungsstrategien im Zusammenhang mit dem Schreien ihres Kindes definiert. Sie werden ermutigt, neue Ideen mit ihrem Kind auszuprobieren, und sollen so Vertrauen in ihre mütterlichen Kompetenzen bekommen. Um die Belastung schwieriger Situationen mit dem Kind nicht über zu bewerten und um relativieren zu können, werden die Patientinnen motiviert, sich mit anderen Müttern auszutauschen.

Techniken

Zur Anwendung kommen Instruktion, Modelllernen, Anregungen zur Selbstbeobachtung, Verhaltensübung, -wiederholung, Informationsvermittlung sowie Wahrnehmungsschulung. Ferner werden kognitive Techniken zur Überprüfung bzw. Änderung von Denkmustern, Techniken der Selbstinstruktion und Psychoedukation angewandt.

> **Als Zusatzmaterial vorhandene Materialien**
>
> - Arbeitsblatt »Meine persönlichen Beruhigungstechniken im Umgang mit meinem Kind«
> - Videosequenz »Beruhigungstechniken«

Einstiegsrunde

Themen: momentane Befindlichkeit, Vorstellung neuer Gruppenmitglieder, Schweigepflicht.

»*Wir beginnen mit unserer Einstiegsrunde. Neue Teilnehmerinnen bitten wir, sich und ihr Kind kurz vorzustellen. Es gibt zwei Gruppenregeln: Wir bitten Sie darum, pünktlich in die Gruppe zu kommen. Ferner ist es für die Offenheit innerhalb der Gruppe wichtig, dass die Schweigepflicht von allen Teilnehmerinnen respektiert wird und keine persönlichen Dinge nach außen getragen werden. Bitte erzählen Sie uns nun, was Sie seit der letzten Stunde erlebt haben, wie es Ihnen momentan geht und wie es Ihnen mit Ihrem Kind geht.*«

(Siehe »Anleitung zur Durchführung« [5.1].)

Besprechung der Übung zum Thema der letzten Stunde (»Kindlichen Signalen ein Echo geben [Matching]«)

»*In welchen Situationen haben Sie ein Echo auf ein kindliches Signal gegeben? Auf welche Art haben Sie ein Echo auf ein kindliches Signal gegeben?*«

Jede Patientin berichtet von ihren Erfahrungen mit der Übung. Schwierigkeiten bei der Umsetzung werden durch die Therapeuten genauer exploriert, und es werden konkrete Hilfen erarbeitet. Die Therapeuten erfragen Kognitionen und Emotionen. Sie bestätigen erwünschtes Verhalten und regen an, das Verhalten auch nach der Gruppenbehandlung beizubehalten. Erneut betonen die Therapeuten die Bedeutung von »Matching« (z. B., um dem Kind die Erfahrung von Selbstwirksamkeit zu ermöglichen).

Beispiel:

Eine schizophrene Patientin berichtet: »Mir ist aufgefallen, dass mein Gesichtsausdruck nicht zu dem Gefühl passt, wenn ich mein Kind ansehe. Obwohl ich mich freue, fällt es mir schwer, mit einem Lächeln zu reagieren, wenn mein Kind mich anschaut«. Die Therapeuten vermitteln der Patientin, dass das geschilderte Verhalten mit ihrer jetzigen Erkrankung zu tun hat und sich bessern werde, wodurch die Patientin emotional entlastet und zur erneuten Verhaltensübung motiviert wird.

Einführung in das Thema der Stunde (»Beruhigungstechniken«)

»In dieser Stunde geht es um das Thema ›Beruhigungstechniken‹. Das Schreien eines Babys ist für alle Menschen ein großer Stress. Sie alle haben bereits Erfahrungen damit gesammelt und intuitiv Beruhigungstechniken angewendet, die auf die Bedürfnisse Ihres Kindes abgestimmt waren. Heute wollen wir besprechen, was Sie tun können bzw. bereits erfolgreich getan haben, wenn ihr Kind schreit. Für Ihre langfristige Gesundheit und die Rückfallvorbeugung ist es wichtig, dass Sie mit solchen Stresssituationen umgehen können und über verschiedene Möglichkeiten verfügen, wie Sie Ihr Kind beruhigen können. Dies wird sich auf die Beziehung zu Ihrem Kind positiv auswirken. Sie werden entspannter und gelassener mit ihm umgehen können. Wir möchten Sie hierbei unterstützen. Anhand eines Videos möchten wir gemeinsam mit Ihnen Beruhigungstechniken erarbeiten.«

Das Arbeitsblatt »Beruhigungstechniken« wird an die Patientinnen ausgeteilt. Es wird ein Videobeispiel gezeigt.

Sammeln von Beruhigungstechniken

»Was ist Ihnen aufgefallen? Welches Verhalten haben Sie bei der Mutter beobachtet? Wodurch hat sie ihr Kind beruhigt? Wie hat das Kind reagiert?«

Die Therapeuten ermutigen die Patientinnen, sich zum Video zu äußern, und zu berichten, was sie beobachtet haben. Dabei können auch Fehlinterpretationen zur Sprache kommen. Diese werden unter der Leitung der Therapeuten in der Gruppe korrigiert. Die Therapeuten fragen nach Beruhigungstechniken, die die Patientinnen in ihrem Alltag als hilfreich erlebt haben. Ein Therapeut hält diese auf dem Flipchart fest, und die Patientinnen schreiben mit. Eventuell ergänzen die Therapeuten weitere Beruhigungstechniken.

Beispiele für Beruhigungstechniken

- Ablenken, Umlenken der Aufmerksamkeit (Fingerspiel, Spielzeug)
- Veränderung der Stimme (tiefer werdend, Modulation nach unten, monotoner, ruhiger, Anwendung von Silben wie: ei ei)
- Singen

- Körperkontakt (Kind hochnehmen und an den eigenen Körper drücken, langsames Streicheln von Gesicht, Rücken, Bauch)
- insgesamt langsame Körperbewegungen, Schaukeln, Tragen, Wiegen, Tanzen
- Schnuller oder Däumchen anbieten
- etwas zu trinken anbieten
- Baden
- Rituale einführen (Schlafritual wie Raum abdunkeln, Ruhe schaffen, ein Lied singen…)
- feste Schlaf- und Wachzeiten einführen
- reizarme Umgebung schaffen

Die Therapeuten regen die Patientinnen jetzt an, über ihre eigenen Erfahrungen zum Thema zu sprechen. Die Therapeuten fragen nach, ob es ihnen im Verlauf ihrer Erkrankung schwerer fiel, ihr Kind zu beruhigen. Die Therapeuten fragen insbesondere die Mütter, denen es bereits besser geht. Jede Mutter wird einbezogen.

Die Therapeuten erfragen Kognitionen (z. B. »Ich bin keine gute Mutter, weil mein Kind so viel weint.« – »Ich schaffe das nie.«) und Gefühle (z. B. Insuffizienz, Ärger, aggressive Impulse). Sie bestätigen die Patientinnen in ihrer individuellen Darstellung des Themas. Anschließend arbeiten sie die generelle Bedeutung mit ihrer allgemeinen Regelhaftigkeit und Konsequenzen für die langfristige Stabilisierung und Rückfallprophylaxe sowie die Verbesserung der Mutter-Kind-Beziehung heraus. Die Therapeuten betonen, dass jedes »Erfolgserlebnis«, das Kind beruhigen zu können, die Selbstsicherheit und Kompetenz der Mutter stärkt.

Mütter, die unter Schuld- bzw. Insuffizienzgefühlen leiden, werden durch die Therapeuten und »Sharing« in der Gruppe emotional entlastet. Es wird betont, dass psychische Erkrankungen die intuitiven mütterlichen Fähigkeiten zur Interaktion mit dem Kind behindern können.

Anschließend werden mögliche Gründe für das Schreien/Toben des Kindes gesammelt. Ein Therapeut notiert die Gründe am Flipchart, und die Patientinnen schreiben mit. Der Therapeut ergänzt nach Bedarf.

Gründe für das Schreien von Kindern

- Müdigkeit oder Erschöpfung
- Hunger, Durst
- Körperlichkeit: volle Windel, zu warm oder zu kalt, Unwohlsein
- Angst
- Schmerzen
- Überstimuliert sein, Überreizung
- Bedürfnis nach Nähe
- Bedürfnis nach »Unterhaltung«
- Trotz, Grenzen nicht akzeptieren wollen
- Unklare Gründe

Übung zum Thema der Stunde (Beruhigungstechniken)

»*Achten Sie bitte bis zur nächsten Stunde darauf, welche Beruhigungstechniken Sie anwenden. Wir möchten Sie ermutigen, einmal eine neue Technik auszuprobieren, und bitten Sie, Ihre Erfahrungen bis zur nächsten Stunde zu notieren.*«

Blitzlicht

»*Wie geht es Ihnen jetzt? Gibt es etwas, das Sie besonders beschäftigt und Sie uns noch mitteilen wollen?*«
(Siehe »Anleitung zur Durchführung« [5.5].)

8. Stunde: »Wahrnehmung positiver Gefühle«

Definition des Themas

Ausgehend von der Theorie des »Verstärkerverlustes« werden depressive Mütter darin unterstützt, ihre Symptome zu bewältigen, indem sie aversive Ereignisse reduzieren und gezielt positive Aktivitäten bzw. Gedanken in den Alltag mit dem Kind einführen. Auch Mütter, bei denen keine depressive Stimmung vorliegt, können davon profitieren, dass sie positiven Aktivitäten bzw. Gedanken einen festen Platz in ihrem Alltag einräumen, um Energie zu tanken und dadurch einem Erschöpfungszustand vorzubeugen.

Ziele der Stunde

Die Patientinnen sollen darin unterstützt werden, Eigenaktivitäten zu entwickeln und Gedanken in den Alltag einzuführen, die mit positiven Gefühlen einhergehen und ihnen konkrete Erfolge vermitteln, damit sie sich als effektiv erleben. Dadurch stellt sich ein Gefühl von Zufriedenheit und Selbstwert ein.

Techniken

Die Patientinnen werden zur Selbstbeobachtung angeregt, positive Aktivitäten und Gedanken werden in der Gruppe gesammelt, und die Umsetzung wird geplant. Zur Anwendung kommen außerdem Psychoedukation, Instruktion sowie Verhaltensübung bzw. -wiederholung.

> **Als Zusatzmaterial vorhandene Materialien**
>
> - Informationsblatt »Wahrnehmung positiver Gefühle«
> - Arbeitsblatt »Wahrnehmung positiver Gefühle«
> - Folie »Wahrnehmung positiver Gefühle«

Einstiegsrunde

Themen: momentane Befindlichkeit, Vorstellung neuer Gruppenmitglieder, Schweigepflicht.

»Wir beginnen mit unserer Blitzrunde. Neue Teilnehmerinnen bitten wir, sich und ihr Kind kurz vorzustellen. Es gibt zwei Gruppenregeln: Wir bitten Sie darum, pünktlich in die Gruppe zu kommen. Ferner ist es für die Offenheit innerhalb der Gruppe wichtig, dass die Schweigepflicht von allen Teilnehmerinnen respektiert wird und keine persönlichen Dinge nach außen getragen werden. Bitte erzählen Sie uns nun, was Sie seit der letzten Stunde erlebt haben, wie es Ihnen momentan geht und wie es Ihnen mit Ihrem Kind geht.«

(Siehe »Anleitung zur Durchführung« [5.1].)

Besprechung der Übung zum Thema der letzten Stunde (Erfahrungen mit Beruhigungstechniken)

»Welche Erfahrungen haben Sie mit der Anwendung von Beruhigungstechniken gemacht? Haben Sie etwas Neues ausprobiert? Gab es Schwierigkeiten bei der Umsetzung?«

Jede Patientin berichtet von ihren Erfahrungen mit der Übung. Schwierigkeiten bei der Umsetzung werden durch die Therapeuten genauer exploriert, und es werden konkrete Hilfen erarbeitet. Die Therapeuten erfragen Kognitionen und Emotionen. Sie bestätigen erwünschtes Verhalten und regen an, das Verhalten auch nach der Gruppenbehandlung beizubehalten. Erneut betonen die Therapeuten die Bedeutung von Beruhigungstechniken zur Stressbewältigung für die langfristige Stabilisierung der Patientin, die Rückfallprophylaxe sowie die Qualität der Mutter-Kind-Beziehung.

Beispiel:

Eine Mutter erzählt, dass sie bisher immer geglaubt habe, ein Schreibaby zu haben, das plötzlich ohne Anzeichen von Unzufriedenheit fürchterlich schreie und sich nicht beruhigen lasse. Inzwischen beobachte sie viele Vorzeichen, auf die sie bereits eingehen könne. Damit gelinge es ihr fast immer, einer »Schreiattacke« vorzubeugen. Dies sei für sie jedes Mal ein Erfolgserlebnis und gebe ihr viel Selbstsicherheit.

Einführung in das Thema der Stunde (»Wahrnehmung positiver Gefühle«)

»*In dieser Stunde geht es um das Thema ›Wahrnehmung positiver Gefühle‹. Wir möchten Sie darin unterstützen, aus Ihren negativen Gefühlen herauszufinden, indem Sie sich in Ihrem Alltag mit Kind Zeit für angenehme Aktivitäten nehmen. Dabei möchten wir Ihnen helfen, sich der Gedanken bewusst zu werden, die mit positiven Gefühlen einhergehen. Jede Mutter kann von positiven Aktivitäten und Gedanken profitieren, um Kraft zu tanken und einem Erschöpfungszustand vorzubeugen.*«

Anhand der Folie (»Wahrnehmung positiver Gefühle«) (▶ Abb. 6.13) wird den Patientinnen die Entstehung positiver Gefühle erläutert. Betont wird, dass Gefühle sowohl durch Verhalten als auch durch Gedanken zu beeinflussen sind.

»*Viele von Ihnen kennen im Verlauf Ihrer Erkrankung ähnliche Gedanken, wie z. B. ›Ich bin eine schlechte Mutter. Mein Kind hätte eine andere Mutter verdient‹. Welche Gefühle lösen solche Gedanken bei Ihnen aus? Wie verändern solche Gedanken Ihr Verhalten dem Kind gegenüber?*«

In der Gruppe wird erarbeitet, dass negative Kognitionen negative Gefühle (z. B. Traurigkeit) hervorrufen und sich hierdurch das Befinden verschlechtert. Dadurch wird auch das Verhalten der Mutter dem Kind gegenüber beeinflusst (z. B., dass sie immer mehr den Kontakt zum Kind vermeidet).

Beispiel:

Eine Mutter berichtet, dass sie sich aus der Überzeugung, eine schlechte Mutter zu sein, immer mehr zurückgezogen habe. Sie habe das Gefühl, dass die anderen für ihr Kind besser seien und sich daher überlegt, ihr Kind ganz wegzugeben. Sie sei völlig verzweifelt.

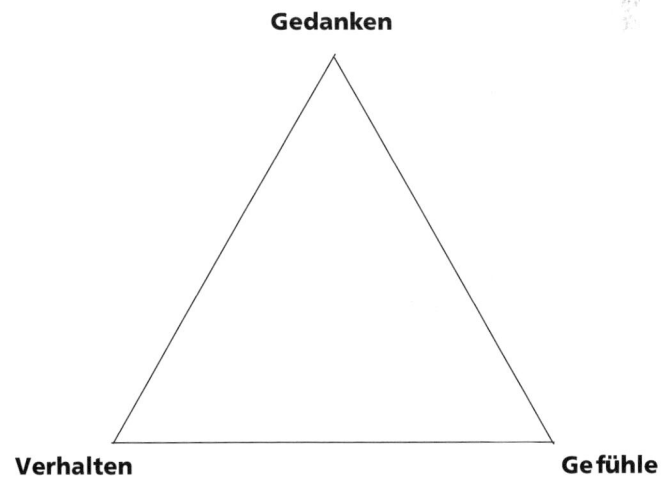

Abb. 6.13: Die gegenseitige Beeinflussung von Gedanken, Verhalten und Gefühlen

Sammeln von Aktivitäten bzw. Gedanken, die mit positiven Gefühlen einhergehen

»Welche Aktivitäten bzw. Gedanken kennen Sie, die positive Gefühle auslösen?«
Das Arbeitsblatt »Wahrnehmung positiver Gefühle« wird an die Patientinnen ausgeteilt.

Die Therapeuten erarbeiten reihum mit jeder Patientin individuelle Aktivitäten bzw. Gedanken, die sich in den Alltag mit Kind integrieren lassen. Ein Therapeut hält die erarbeiteten positiven Aktivitäten bzw. Gedanken am Flipchart fest, und die Patientinnen schreiben mit.

Tab. 6.2: Beispiele für positive Aktivitäten und Gedanken

Gedanken	Aktivitäten
<ul><li>»Mein Kind braucht mich.«</li><li>»Ich bin glücklich, dass die Geburt so gut gelaufen ist und mein Kind gesund ist.«</li><li>»Ich kann mich an der Entwicklung meines Kindes freuen.«</li><li>»Mein Mann unterstützt mich, er versorgt unser Kind gerne.«</li><li>»Wie schön, dass mein Kind mich anlächelt!«</li><li>»Ich darf es mir gut gehen lassen – kein Stress!«</li><li>»Auch meine Bedürfnisse sind wichtig.«</li><li>»Mein Partner liebt mich.«</li><li>»Mein Mann und ich sind stolz auf unser Kind.«</li><li>»Mein Kind mag mich.«</li><li>»Ich mache meine Sache gut und richtig. Ich kriege es hin, es wird schon klappen!«</li><li>Ich denke bewusst an mir liebevoll verbundene Menschen.</li></ul>	<ul><li>Signale des Kindes (Lächeln, Laute) bewusst wahrnehmen.</li><li>Fotos ansehen, auf denen das Kind wenige Stunden alt ist.</li><li>Spielen mit dem Kind.</li><li>Positiv Tagebuch schreiben (Was war heute schön?).</li><li>Entspannungsprogramm: Friseurbesuch, Kaffee trinken, Musik hören, Sport treiben, kreativ sein (Kind wird in dieser Zeit durch Babysitter versorgt), Spaziergang</li><li>Berufstätig sein</li><li>Protokoll schreiben (Was habe ich heute alles geschafft?)</li><li>Telefonate mit Familie, Freunden</li></ul>

Die Therapeuten regen die Patientinnen jetzt an, über ihre eigenen Erfahrungen zum Thema zu sprechen. Die Therapeuten fragen nach, ob es ihnen im Verlauf ihrer Erkrankung schwerer fiel, sich zu Aktivitäten zu motivieren. Die Therapeuten fragen insbesondere die Mütter, denen es bereits besser geht. Jede Mutter wird einbezogen.

Die Therapeuten erfragen Kognitionen und Gefühle. Sie bestätigen die Patientinnen in ihrer individuellen Darstellung des Themas. Anschließend arbeiten sie die generelle Bedeutung mit ihrer allgemeinen Regelhaftigkeit und Konsequenzen heraus. Betont wird die Bedeutung von positiven Aktivitäten bzw. Gedanken für den Verlauf der depressiven Symptome bzw. als Möglichkeit, Energie zu tanken, um einem Erschöpfungszustand vorzubeugen. Dargestellt wird auch die Bedeutung positiver Aktivitäten bzw. Gedanken in der Beziehung zum Kind: Gemeinsame Freude wirkt sich positiv auf das Kind und die gesamte Familie aus.

Mütter, die unter Schuld- bzw. Insuffizienzgefühlen leiden, werden durch die Therapeuten und »Sharing« in der Gruppe emotional entlastet.

Übung zum Thema der Stunde

»Nehmen Sie sich bitte bis zur nächsten Stunde eine positive Aktivität vor, und notieren Sie Ihre Gedanken, die Sie im Alltag als positiv empfinden. Achten Sie darauf, ob diese mit positiven Gefühlen verbunden sind.«

Jede Patientin nimmt sich bis zur nächsten Stunde eine Übung vor. Die Umsetzung wird möglichst konkret vorab besprochen.

Blitzlicht zum Abschluss

»Wie geht es Ihnen jetzt? Gibt es etwas, das Sie besonders beschäftigt und das Sie uns noch mitteilen wollen?«

(Siehe »Anleitung zur Durchführung« [5.5].)

9. Stunde: »Führen und Folgen«

Definition des Themas

Psychische Erkrankungen können die mütterlichen Kompetenzen in der Interaktion mit dem Kind behindern. Indem Mütter die Aufmerksamkeit ihres Kindes auf Tätigkeiten und Objekte ausrichten, eine trianguläre Aufmerksamkeit auf Person und Objekt mit ihrem Kind herstellen und gemeinsam mit dem Kind agieren (joint attention), mit dem Kind kooperieren und sich auf die kindlichen Interessen sowie auf die kindliche Erfahrungs- und Kommunikationsebene einstellen, fördern sie im Sinne einer intuitiven elterlichen Früherziehung die Autonomieentwicklung ihres Kindes und machen es mit ersten sozialen Regeln bekannt.

In der Stunde »Führen und Folgen« geht es darum, die mütterliche Verhaltensbereitschaft zur Kommunikation wiederzubeleben und eine positive Kommunikation zwischen Mutter und Kind anzubahnen. Eine dekompensatorische Entgleisung soll verhütet bzw. aufgehalten werden. Führt die Mutter ihr Kind, so gibt sie das Ziel der Handlung vor. Folgt sie ihrem Kind, so gibt das Kind das Ziel der Aktivität vor, die Mutter lässt sich vom Interesse des Kindes leiten.

Ziele der Stunde

Die Patientinnen lernen zu differenzieren, in welchen Situationen sie ihr Kind überwiegend führen bzw. in welchen Situationen sie ihrem Kind überwiegend folgen. Die Fähigkeit, zwischen den verschiedenen Handlungsebenen »Führen und Folgen« zu unterscheiden, vermittelt der Mutter Selbstsicherheit und Gelassenheit im Umgang mit dem Kind.

Techniken

Zur Anwendung kommen Instruktion, Modelllernen, Anregung zur Selbstbeobachtung sowie Verhaltensübung bzw. -wiederholung. Darüber hinaus werden Informationen vermittelt, und die Wahrnehmung der Patientinnen wird geschult, wobei die Korrektur von Fehlinterpretationen kindlicher Signale bzw. des Affektausdrucks des Modells nach Bedarf erfolgt.

Als Zusatzmaterial vorhandene Materialien

- Informationsblatt »Führen und Folgen«
- Arbeitsblatt »Führen und Folgen«
- Zwei Videosequenzen zum Thema »Führen und Folgen«

Einstiegsrunde

Themen: momentane Befindlichkeit, Vorstellung neuer Gruppenmitglieder, Schweigepflicht.

»Wir beginnen mit unserer Einstiegsrunde. Neue Teilnehmerinnen bitten wir, sich und ihr Kind kurz vorzustellen. Es gibt zwei Gruppenregeln: Wir bitten Sie darum, pünktlich in die Gruppe zu kommen. Ferner ist es für die Offenheit innerhalb der Gruppe wichtig, dass die

Schweigepflicht von allen Teilnehmerinnen respektiert wird und keine persönlichen Dinge nach außen getragen werden. Bitte erzählen Sie uns nun, was Sie seit der letzten Stunde erlebt haben, wie es Ihnen momentan geht und wie es Ihnen mit Ihrem Kind geht.«

(Siehe »Anleitung zur Durchführung« [5.1].)

Besprechung der Übung zum Thema der letzten Stunde (Umsetzung einer positiven Aktivität)

»Welche positive Aktivität hatten Sie sich in der letzten Stunde vorgenommen? Welche Erfahrungen haben Sie gemacht? Gab es Schwierigkeiten bei der Umsetzung? Welche Gedanken und Gefühle haben sich eingestellt? Welche positiven Gedanken haben Sie im Alltag bemerkt? Wo haben Sie das positive Gefühl im Körper gespürt?«

Jede Patientin berichtet von ihren Erfahrungen mit der Übung. Schwierigkeiten bei der Umsetzung werden durch die Therapeuten genauer exploriert, und es werden konkrete Hilfen erarbeitet. Die Therapeuten erfragen Kognitionen und Emotionen. Sie bestätigen erwünschtes Verhalten und regen an, das Verhalten auch nach der Gruppenbehandlung beizubehalten. Erneut betonen die Therapeuten die Bedeutung positiver Gefühle im Alltag mit dem Kind.

Beispiel:

Eine Patientin berichtet: »Ich hatte mir vorgenommen, täglich einen Spaziergang zu machen. Schwierig war, dass ich nicht alleine gehen wollte und keine Idee hatte, wie ich eine andere Mutter zum Mitgehen auffordern kann.« Daraufhin wurde in der Gruppe konkret erarbeitet, mit wem sie spazierengehen kann.

Einführung in das Thema der Stunde (»Führen und Folgen«)

»In dieser Stunde geht es um das Thema ›Führen und Folgen‹. Beim Führen gibt die Mutter ihrem Kind das Ziel vor, beim Folgen gibt das Kind das Ziel vor.
 Wir möchten Ihnen zwei Videobeispiele zeigen und mit Ihnen Unterschiede erarbeiten.«

Es werden zwei Videobeispiele gezeigt. Ein Videobeispiel zeigt eine Mutter beim Füttern ihres Kindes (einer strukturierten Aufgabe), das andere Videobeispiel zeigt eine Mutter im freien Spiel mit ihrem Kind.
 Unterschiede werden mit den Patientinnen erarbeitet und auf dem Flipchart festgehalten.
 »Was hat die Mutter gemacht? Was hat das Kind gemacht?«
 Verdeutlicht werden soll, dass bei einer Aufgabe mit strukturiertem Kontext (Wickeln, Füttern, Baden) die Zielvorgabe durch die Mutter/Eltern erfolgt. Die Eltern führen ihr Kind. Im Gegensatz dazu erfolgt im freien Spiel die Zielvorgabe durch das Kind, die Eltern folgen ihrem Kind. Es wird betont, dass »Führen und Folgen« Vater und Mutter angeht. Dabei können auch Fehlinterpretationen zur Sprache kommen. Diese werden unter der Leitung der Therapeuten in der Gruppe korrigiert.
 Die Therapeuten regen die Patientinnen jetzt an, über ihre eigenen Erfahrungen zum Thema zu sprechen. Die Therapeuten fragen nach, ob es ihnen im Verlauf ihrer Erkrankung schwerer fiel, ihr Kind zu führen bzw. ihm zu folgen. Die Therapeuten fragen insbesondere die Mütter, denen es bereits besser geht. Jede Mutter wird einbezogen.
 Die Therapeuten erfragen Kognitionen (»Ich weiß nicht, wie ich mich meinem Kind gegenüber verhalten soll.«) und Gefühle (z. B. Unsicherheit, Überforderung). Sie bestätigen die Patientinnen in ihrer individuellen Darstellung des Themas. Anschließend arbeiten sie die generelle Bedeutung mit ihrer allgemeinen Regelhaftigkeit und Konsequenzen für die kindliche Entwicklung heraus.
 Mütter, die unter Schuld- bzw. Insuffizienzgefühlen leiden, werden durch die Therapeuten und »Sharing« in der Gruppe emotional entlastet. Es wird betont, dass psychische Erkrankungen die intuitiven mütterlichen Fähigkeiten zur Interaktion mit dem Kind behindern können.
 »Wie ist das für Sie, ihrem Kind im Spiel zu folgen?«

»Wie führen Sie Ihr Kind? In welchen Situationen führen Sie? Stellen Sie sich die Situation vor, was fällt Ihnen dabei schwer? Welche Gedanken erschweren Ihnen das Führen?«

Beispiel:

Eine überstimulierende depressive Mutter berichtet, dass sie im Spiel mit ihrem Kind nicht locker sein könne, sie müsse der Animateur ihrer Tochter sein, da diese noch kein »kompetentes Wesen« sei. Sie habe den Anspruch, pädagogisch mit ihr zu spielen, indem sie sie durch das Spiel führe. Dadurch sei das Spiel sehr anstrengend für sie.

Vermittlung von Informationen zum Thema »Führen und Folgen«

Anhand des Informationsblattes »Führen und Folgen« geben die Therapeuten den Patientinnen Informationen zum Thema:

»Das Thema ›Führen und Folgen‹ bekommt in der Eltern-Kind-Beziehung Bedeutung, wenn das Kind mobiler wird, seine Umgebung entdecken will und seinen eigenen Willen zeigt. Dies wird spätestens dann deutlich, wenn das Kind mit dem Löffel gefüttert wird. In manchen Fällen kann das Füttern zu einem ersten ›Machtkampf‹ zwischen Mutter und Kind werden. Diese kleinen ›Machtkämpfe‹ im Alltag mit dem Kind erreichen meist mit ca. 18 Monaten ihren Höhepunkt. Bis dahin hat Ihr Kind Laufen gelernt, versteht Sprache und spricht selbst. Es hat seine Selbstständigkeit (Autonomie) entdeckt und hat ein natürliches Bedürfnis, seine Grenzen auszutesten. Für die Entwicklung Ihres Kindes ist es wichtig, dass Sie ihm Grenzen setzen, damit es lernt, Grenzen zu akzeptieren und Familienregeln zu respektieren. Damit helfen Sie Ihrem Kind, kooperativ mit anderen umzugehen, was z. B. im Kindergarten oder in der Schule sehr wichtig wird. Beim ›Führen und Folgen‹ unterstützen Sie die Selbstständigkeitsentwicklung Ihres Kindes und schaffen die Voraussetzung dafür, dass Ihr Kind lernt, sich in Gruppen zu integrieren.

Im Säuglingsalter beginnt das Führen, z. B. beim Füttern, Wickeln und Baden. Sie geben das Ziel vor und unterstützen Ihr Kind darin, Ihren Handlungsvorgaben zu folgen. Dies ist möglich, indem Sie z. B. Ihrem Kind erklären, was Sie machen (beschreibende Sprache). Wenn Ihr Kind schwierigere Handlungsabläufe und Aufgaben lernen soll, helfen Sie ihm, indem Sie diese in kleine Schritte unterteilen und ihrem Kind für die einzelnen Schritte Bestätigung geben. Hilfreich für Ihr Kind sind dabei klare, kurze, leicht verständliche Botschaften, mit freundlicher Stimme.

Beim Folgen gibt das Kind das Ziel vor. Die Eltern folgen dem Kind, greifen Impulse des Kindes auf und unterstützen das Kind, Neues zu entdecken (z. B. beim Spiel). Sie gehen damit auf das natürliche Lernbedürfnis ihres Kindes ein. Indem Sie Ihr Kind auf seiner »Entdeckungsreise« bestätigen, fühlt es sich wohl, und das Lernen macht ihm Spaß.«

Übung zum Thema der Stunde

»Bitte halten Sie bis zum nächsten Mal fest, in welchen Situationen Sie Ihr Kind führen bzw. ihm folgen und notieren Sie diese auf Ihrem Arbeitsblatt.«

Die Patientinnen erhalten am Ende der Stunde Informationsblatt und Arbeitsblatt zum Thema »Führen und Folgen« (▶ Kasten 6.5, ▶ Abb. 6.15).

Blitzlicht zum Abschluss

»Wie geht es Ihnen jetzt? Gibt es etwas, das Sie besonders beschäftigt und das Sie uns noch mitteilen wollen?«

(Siehe »Anleitung zur Durchführung« [5.5].)

Abb. 6.14: Überstimulation mit Spielsachen (Marcks 2002)

Kasten 6.5: Unterstützung der Entwicklung zur Selbständigkeit durch das Prinzip »Führen und Folgen«

Führen und Folgen

Das Thema »Führen und Folgen« bekommt in der Eltern-Kind-Beziehung Bedeutung, wenn das Kind mobiler wird, seine Umgebung entdecken will und seinen eigenen Willen zeigt. Dies wird spätestens dann deutlich, wenn das Kind mit dem Löffel gefüttert wird. In manchen Fällen kann das Füttern zu einem ersten »Machtkampf« zwischen Mutter und Kind werden. Diese kleinen »Machtkämpfe« im Alltag mit dem Kind erreichen meist mit ca. 18 Monaten ihren Höhepunkt. Bis dahin hat das Kind Laufen gelernt, versteht Sprache und spricht selbst. Es hat seine Selbstständigkeit (Autonomie) entdeckt und hat ein natürliches Bedürfnis, seine Grenzen auszutesten. Für die Entwicklung des Kindes ist es wichtig, dass die Eltern ihm Grenzen setzen können, damit es lernt, Grenzen zu akzeptieren und Familienregeln zu respektieren. Damit helfen sie ihrem Kind, kooperativ mit anderen umzugehen, was z. B. für den Kindergarten oder die Schule sehr wichtig ist.

Beim »Führen und Folgen« unterstützen die Eltern die Selbstständigkeitsentwicklung ihres Kindes und schaffen die Voraussetzung dafür, dass ihr Kind lernt, Grenzen zu akzeptieren.

Im Säuglingsalter beginnt das Führen, z. B. beim Füttern, Wickeln und Baden. Die Eltern geben das Ziel vor und unterstützen ihr Kind darin, ihren Handlungsvorgaben zu folgen. Dies ist möglich, indem sie ihrem Kind z. B. erklären, was sie machen (beschreibende Sprache). Wenn das Kind schwierigere Handlungsabläufe und Aufgaben lernen soll, helfen die Eltern ihm, indem sie diese in kleine Schritte unterteilen und ihm für die einzelnen Schritte wieder Bestätigung geben. Hilfreich für das Kind sind dabei klare, kurze, leicht verständliche Botschaften, mit freundlicher Stimme.

Beim Folgen gibt das Kind das Ziel vor. Die Eltern folgen dem Kind, greifen Impulse des Kindes auf und unterstützen das Kind, Neues zu entdecken (z. B. beim Spiel). Sie gehen damit auf das natürliche Lernbedürfnis ihres Kindes ein. Indem sie ihr Kind auf seiner »Entdeckungsreise« bestätigen, fühlt es sich wohl, und das Lernen macht ihm Spaß.

Abb. 6.15: Unterstützung der Entwicklung zur Selbstständigkeit durch das Prinzip »Führen und Folgen«

10. Stunde: »Erstellen eines Krisenplans«

Definition des Themas

Krise bedeutet eine plötzliche oder gravierende Verschlechterung des Befindens. Für jede Patientin wird ein individueller Krisenplan erstellt mit dem Ziel, eine Krise adäquat zu bewältigen und damit einem Krankheitsrezidiv vorzubeugen.

Ziele der Stunde

Jede Patientin erstellt einen individuellen Krisenplan. Es werden Frühwarnzeichen erarbeitet und Informationen über Interventionsmaßnahmen gegeben. Ansprechpartner werden festgelegt, und eine eventuelle Krise wird »entkatastrophisiert«.

Techniken

Zur Anwendung kommen Krisenmanagement als ein Element der Rezidivprophylaxe, Informationsvermittlung sowie Motivation zu hilfesuchendem Verhalten. Außerdem werden Selbstbeobachtung, Verhaltensübung und -wiederholung angeregt.

> **Als Zusatzmaterial vorhandene Materialien**
>
> - Arbeitsblatt »Mein persönlicher Krisenmanagementplan«
> - Folie 1 »Erste-Hilfe-Tasche«
> - Folie 2 »Mein persönlicher Krisenmanagementplan«

Einstiegsrunde

Themen: momentane Befindlichkeit, Vorstellung neuer Gruppenmitglieder, Schweigepflicht.

»Wir beginnen mit unserer Einstiegsrunde. Neue Teilnehmerinnen bitten wir, sich und ihr Kind kurz vorzustellen. Es gibt zwei Gruppenregeln: Wir bitten Sie darum, pünktlich in die Gruppe zu kommen. Ferner ist es für die Offenheit innerhalb der Gruppe wichtig, dass die Schweigepflicht von allen Teilnehmerinnen respektiert wird und keine persönlichen Dinge nach außen getragen werden. Bitte erzählen Sie uns nun, was Sie seit der letzten Stunde erlebt haben, wie es Ihnen momentan geht und wie es Ihnen mit Ihrem Kind geht.«

(Siehe »Anleitung zur Durchführung« [5.1].)

Besprechung der Übung zum Thema der letzten Stunde (Beobachten von Situationen, in denen die Mutter ihr Kind führt bzw. ihm folgt)

»In welchen Situationen haben Sie Ihr Kind geführt oder sind ihm gefolgt? Welche Erfahrungen haben Sie gemacht? Gab es Schwierigkeiten oder Irritationen? Welche Gedanken bzw. Gefühle haben sich eingestellt? Wo haben Sie das Gefühl im Körper gespürt?«

Jede Patientin berichtet von ihren Erfahrungen mit der Übung. Schwierigkeiten bei der Umsetzung werden durch die Therapeuten genauer exploriert, und es werden konkrete Hilfen erarbeitet. Die Therapeuten erfragen Kognitionen und Emotionen. Sie bestätigen erwünschtes Verhalten und regen an, das Verhalten auch nach der

Gruppenbehandlung beizubehalten. Die Therapeuten zeigen erneut die Bedeutung des »Führens und Folgens« für die zukünftige Entwicklung, z.B. für die Selbstständigkeitsentwicklung des Kindes, sowie für das soziale Klima in der Familie auf.

Beispiel:

Eine depressive Patientin zeigt sich erstaunt darüber, dass sie die Erfahrung gemacht hat, dass ihr Kind weniger aggressiv sei, seit sie ihm im Spiel mehr folge und beobachte, was ihr Kind ausprobieren möchte.

Einführung in das Thema der Stunde (»Erstellen eines Krisenplans«)

»*In dieser Stunde geht es um das Thema ›Erstellen eines Krisenplans‹. Krise bedeutet, dass sich Ihr Befinden plötzlich oder gravierend verschlechtert und/oder dass Symptome zunehmen oder neu auftreten (z. B. Schlafstörungen, depressive Stimmung, Angst, Unruhe, negative Gedanken).«*

Anhand der Folie (Erste-Hilfe-Tasche) wird die Bedeutung des Krisenplans dargestellt.

»*Jeder hat die Hoffnung, beim Autofahren keinen Unfall zu bauen. Hilfreich ist es jedoch trotzdem, ein Erste-Hilfe-Set mitzuführen.«*

Erstellen eines Krisenplans sowie Vermittlung von Informationen über mögliche Interventionsmaßnahmen im Falle einer Krise

»*Krankheitsrückfälle sind möglich. Sie sind Krisen jedoch nicht hilflos ausgeliefert, stattdessen hat Ihr Umgang mit einer Krisensituation entscheidenden Einfluss darauf, wie die Krise verläuft. Wenn Sie Frühwarnzeichen erkennen, kann die Krise häufig abgefangen bzw. einem Rückfall vorgebeugt werden. Wichtig ist es, diese ›Frühwarnzeichen‹ ernst zu nehmen und sie nicht ›unter den Teppich zu kehren‹. Es muss z. B. geklärt werden, ob Sie Medikamente benötigen oder ob die Medikamentendosis erhöht werden soll. Dafür ist es immer gut und wichtig, mit einem Fachmann zu sprechen, Ihrem behandelnden Arzt. Geklärt werden muss, ob Hilfen zu Hause, bei der Versorgung des Kindes, organisiert werden müssen, ob zusätzliche psycho- oder soziotherapeutische Unterstützung hilfreich ist oder ob ein stationärer Aufenthalt entlastend wäre. Von großer Bedeutung ist, dass Sie Stressfaktoren reduzieren, sich Entspannung gönnen und ausreichend Schlaf finden. Wichtig ist auch, dass Ihre Angehörigen in den Krisenplan eingeweiht sind und Ihnen helfen können, ihn umzusetzen. Es ist ein Zeichen von Stärke, wenn Sie sich Hilfe holen!«*

Kasten 6.6: Krisenmanagementplan

Mein persönlicher Krisenmanagementplan

1. Symptome, an denen ich erkenne, dass ich in eine Krise komme:
2. Möglichkeiten, wie ich meine Anspannung in einer Krise verringern kann:
3. Angehörige bzw. Freunde, die mir in der Krise helfen können:

4. »Professionelle« Hilfe, an die ich mich in einer Krise wenden kann (ambulanter Psychiater, stationäre Einrichtung):

Anhand des Arbeitsblattes »Erstellen eines Krisenplans« (▶ Kasten 6.6) wird mit jeder Patientin ihr individueller Krisenplan erstellt. Jede Patientin schreibt auf ihrem Arbeitsblatt ihren Krisenplan mit.

1. Symptome, an denen ich erkenne, dass ich in eine Krise komme,
2. Möglichkeiten, wie ich meine Anspannung in einer Krise verringern kann,
3. Angehörige bzw. Freunde, die mir in der Krise helfen können,
4. »Professionelle« Hilfe, an die ich mich in einer Krise wenden kann.

Die Therapeuten erarbeiten reihum mit jeder Patientin die einzelnen Punkte des Krisenplans und geben zusätzliche Informationen über mögliche Interventionsmaßnahmen. Sie regen die Patientinnen an, über ihre eigenen Erfahrungen zum Thema zu sprechen. Schwierigkeiten beim Management früherer Krisen werden besprochen und Lösungsmöglichkeiten erarbeitet. Jede Mutter wird einbezogen.

Die Therapeuten erfragen Kognitionen und Gefühle. Sie bestätigen die Patientinnen in ihrer individuellen Darstellung des Themas. Anschließend arbeiten sie die generelle Bedeutung mit ihrer allgemeinen Regelhaftigkeit und Konsequenzen heraus. Betont wird die Bedeutung des Krisenplans für die Vorbeugung eines Krankheitsrückfalls.

Mütter, die unter Schuld- bzw. Insuffizienzgefühlen leiden, werden durch die Therapeuten und »Sharing« in der Gruppe emotional entlastet.

Übung zum Thema der Stunde

»Überlegen Sie Ergänzungen für Ihren Krisenplan. Suchen Sie sich Vertraute aus, die Sie in Ihren Krisenplan einweihen möchten. Besprechen Sie mit diesen den Krisenplan. Überlegen Sie sich gemeinsam, welche Schwierigkeiten bei der Umsetzung auftauchen könnten (z. B. ›Wer versorgt das Kind?‹).«

Blitzlicht zum Abschluss

»Wie geht es Ihnen jetzt? Gibt es etwas, das Sie besonders beschäftigt und das Sie uns noch mitteilen wollen?«
(Siehe »Anleitung zur Durchführung« [5.5].)

Die Online-Zusatzmaterialien sind unter folgendem Link für Sie verfügbar[1]:

https://dl.kohlhammer.de/978-3-17-044989-3.

---

[1] Wichtiger urheberrechtlicher Hinweis: Alle zusätzlichen Materialien, die im Download-Bereich zur Verfügung gestellt werden, sind urheberrechtlich geschützt. Ihre Verwendung ist nur zum persönlichen und nichtgewerblichen Gebrauch erlaubt. Jede Verwendung außerhalb der engen Grenzen des Urheberrechts ist ohne Zustimmung des Verlags unzulässig und strafbar. Das gilt insbesondere für Vervielfältigungen, Übersetzungen, Mikroverfilmungen und für die Einspeicherung und Verarbeitung in elektronischen Systemen.

C   Verzeichnisse

Literatur

Ainsworth M (2003) Feinfühligkeit versus Unfeinfühligkeit gegenüber den Mitteilungen des Babys (Originalarbeit erschienen 1974). In: Grossmann KE, Grossmann K. Bindung und menschliche Entwicklung. John Bowlby, Mary Ainsworth und die Grundlagen der Bindungstheorie. Klett-Cotta, Stuttgart
Alf R (2003) Erziehungs-Alltag. Herder, Freiburg im Breisgau
Anderssen-Reuster U (2013) Achtsamkeit: Das Praxisbuch für mehr Gelassenheit und Mitgefühl. TRIAS Verlag, Stuttgart
Bäuml J (1994) Psychosen aus dem schizophrenen Formenkreis, Ratgeber für Patienten und Angehörige. Springer, Berlin, Heidelberg, New York
Bandura A (1979) Sozial kognitive Lerntheorie. Klett-Cotta, Stuttgart
Beck AT (1992) Kognitive Therapie der Depression. Psychologie-Verlags-Union, Weinheim
Beebe B (2000) Brief mother-infant treatment using psychoanalytically informed video microanalysis: Integrating procedural and declarative processing. Paper presented at the Association for Psychoanalytic Medicine, Columbia University Psychoanalytic Center
Beebe B (2003) Brief mother-infant treatment: psychoanalytically informed video feedback. Infant Mental Health Journal 24:24–52
Bienioschek S, Nolkemper D, Schroth J, Behr J, Heinze M, Ziegenhain U, Schmauss M, Kölch M (2024) Unterstützung für Familien mit einem psychisch erkrankten Elternteil. Nervenarzt 95:18–27.
Brockington I J, Kumar R (eds.) (1996) Motherhood and mental illness. Grune and Stratton, New York, pp 37–70
Bröning S, Brandt M (2022)«Mindful Parenting« – Achtsamkeit in der Eltern-Kind-Beziehung. Zeitschrift für Kinder- und Jugendpsychiatrie und Psychotherapie 50(5): 95–406.
Buttner P (1996) Die Wirksamkeit psychoedukativer Verfahren in der Schizophreniebehandlung. In: Stark A (Hrsg) Verhaltenstherapeutische und psychoedukative Ansätze im Umgang mit schizophren Erkrankten. dgvt, Tübingen, S 193–206
Cohen N, Muir E, Parker CJ, Brown M, Lojkasek M, Muir R, Barwick M (1999) Watch, wait and wonder: Testing the effectiveness of a new approach to mother-infant psychotherapy. Infant Mental Health Journal, Vol. 20(4):429–451
Cohn JF und Tronick EZ (1989) Specifity of infants' response to mothers' affective behavior. J Am Acad Child Adolesc Psychiatry 28:242–248
Cooper PJ und Murray L (1997) The impact of psychological treatments of postpartum depression on maternal mood and infant development. In: Murray L and Cooper PJ (eds) Postpartum depression and child development. The Guilford Press, New York, pp 201–220
Cooper PJ, Murray L, Wilson A, Romaniuk H (2003) Controlled trial of the short- and long-term effect of psychological treatment of post-partum depression. 1. Impact on maternal mood. Br J Psychiatry 182:412–419
Cramer B (1995) Short-term dynamic psychotherapy for infants and their parents. Child and Adolescent Psychiatric Clinics of North America 4:649–659
Dornes M (1993) Der kompetente Säugling. Die präverbale Entwicklung des Menschen. Fischer, Frankfurt am Main
Dornes M (1999) Formen der Eltern-Kleinkind-Beratung und -Therapie: Ein Überblick. Psychotherapie und Sozialwissenschaft 1:31–55
Dornes M (2001) Die emotionale Welt des Kindes. Geist und Psyche, Frankfurt am Main

Dorsch V, Rohde A (2016) Postpartale psychische Störungen – Update 2016.Frauenheilkundeup2date 4:355–374.
Downing G (1996) Körper und Wort in der Psychotherapie. Kösel-Verlag, München
Downing G (2003) Videomikroanalysetherapie: einige Grundlagen und Prinzipien. In: Scheuerer-English H, Suess GJ & Pfeifer EK (Hrsg) Wege zur Sicherheit: Bindungswissen in Diagnostik und Intervention. Psychosozial-Verlag, Giessen, S 51–67
Downing G (2004) Emotion, body and parent-infant interaction. In: Nadel J and Muir D (eds) Emotional Development: Recent Research Advances. Oxford University Press, Oxford, pp 229–249
Downing G (2015) Early interaction and the body: Clinical implications. In: Marlock G, Young H & Soth M. The Handbook of Body Psychotherapy and Somatic Psychology. Berkeley, CA: North Atlantic Books
Downing G (2015) Work with mentalization in video intervention therapy (VIT): Help for children, adolescents and their parents. In: Lambruschi F & Lionetti F (eds) Strumenti de valutazione e interventi di sostengo alla genitorialita.Carocci Editore, Rome
Fiedler P (1996) Verhaltenstherapie in und mit Gruppen. Beltz, Weinheim
Fonagy P (1991) Thinking about thinking: Some clinical and theoretical considerations in the treatment of a borderline patient. International journal of psycho-analysis 72: 639–656
Fonagy P (2008) The mentalization-focused approach to social development. In: Busch F (ed) Mentalization: Theoretical considerations, research findings and clinical implications. Analytic Press, New York
Garthus-Niegel S, Kittel-Schneider S (2023) Väter und peripartale psychische Erkrankungen: Das übersehene Elternteil? Nervenarzt 94:779–785.
Gergely G, Watson J (1996) The social biofeedback theory of parental affect-mirroring. The development of emotional self-awareness and self control in infancy. International Journal of Psycho-Analysis 77:1181–1212
Grawe K, Donati R, Bernauer F (1994) Psychotherapie im Wandel, von der Konfession zur Profession. 3. Aufl. Hogrefe, Göttingen
Greenspan S, Shanker S (2004) The first idea: How symbols, language and intelligence evolved from our primate ancestors to modern humans. De Capo Press, Cambridge
Grossmann KE, Grossmann K (2003) Bindung und menschliche Entwicklung. John Bowlby, Mary Ainsworth und die Grundlagen der Bindungstheorie. Klett-Cotta, Stuttgart
Hahlweg K (2002) Verhaltenstherapie psychotischer Erkrankungen. Psychotherapie im Dialog 3:230–234
Hautzinger M (1997) Kognitive Verhaltenstherapie bei Depressionen. Beltz, Weinheim
Hédervári-Heller E (2000) Klinische Relevanz der Bindungstheorie in der therapeutischen Arbeit mit Kleinkindern und deren Eltern. Praxis der Kinderpsychologie und Kinderpsychiatrie 49:580–595
Hédervári-Heller E (2001) Eltern-Kleinkind-Therapie und Regulationsstörungen im frühen Kindesalter. Frühe Kindheit, Berlin: Deutsche Liga für das Kind 4, S 20–24
Hofecker-Fallahpour M, Zinkernagel-Burri CH, Stöckli B, Wüsten G, Stieglitz RD, Riecher-Rössler A (2003) Gruppentherapie bei Depression in der frühen Mutterschaft. Nervenarzt 74:767–774
Hornstein C (2003a) Die Behandlung psychotischer Mütter in einer Mutter-Kind-Einheit – ein Beitrag zur Primärprävention. Psychodynamische Psychotherapie 2:113–121
Hornstein C (2003b) Mutterschaft und Schizophrenie – frühzeitige Unterstützung gegen späte Beziehungsstörungen. NeuroTransmitter Sonderheft 2:40–45
Huppertz M (2011) Achtsamkeitsübungen. Junfermann Druck, Paderborn
Jaffe J, Beebe B, Feldstein S, Crown C, Jasnow MD (2001) Rhythms of dialogue in infancy: coordinated timing development. Monogr Soc Res Child Dev 66:1–132
Klier CM, Muzik M, Rosenblum KL, Lenz G (2001) Interpersonal psychotherapy adapted for the group setting in the treatment of postpartum depression. J Psychother Pract Res 10:124–131
Kumar RC (1997) Anybody's child: severe disorders of mother-to-infant bonding. Br J Psychiatry 171:175–181
Kutik Ch (2000) Entscheidende Kinderjahre. Freies Geistesleben, Stuttgart

Largo R (2002) Babyjahre. Piper, München
Laucht M, Esser G, Schmidt MH (1994) Paternal mental disorder and early child development. European Child and Adolescent Psychiatry 3:125–137
Lazarus RS, Folkmann S (1984) Coping and adaptation. In: Gentry WD (ed) Handbook of behavioural medicine. The Guilford Press, New York
Lewinsohn PM (1974) A behavioral approach to depression. In: Friedman RJ and Katz MM (eds) The psychology of depression: Contemporary theory and research. Wiley, New York
Lewinsohn PM, Antonuccio DO, Steinmetz JL, Teri L (1984) The coping with depression course: A psycho-educational intervention for unipolar depression. Castalsa, Eugene OR
Mareks M (2002) Hast du jetzt den Überblick? Antje Kunstmann, München
Marvin R, Cooper C, Hoffman K, Powell P (2002) The circle of security project: Attachment-based intervention with caregiver-pre-school child dyads. Attachment & Human Development, Vol 4, No 1:107–124
McDonough SC (1993) Interaction guidance: Understanding and treating early infant caregiver relationship disorders. In: Zeanah C (ed) Handbook of infant mental health. The Guilford Press, New York, pp 414–426
Meager I, Milgrom J (1996) Group treatment for postpartum depression: a pilot study. Austr NZ J Psychiatry 30:852–860
Meins, E (1998) The effects of security attachment and maternal attribution of meaning on children's linguistic acquisitional style. Infant Behavior & Development 21(2):237–252
Milgrom J, Martin P, Negri L (1999) Treating postnatal depression. Wiley, Chichester, New York, Weinheim
Mojtabai R, Nicholson RA, Carpenter BN (1998) Role of psychological treatments in management of schizophrenia. A meta-analytic review of controlled outcome studies. Schizophrenia Bulletin 24:569–587
Murray L (1992) The impact of postnatal depression on infant development. J Child Psychol Psychiatry 33:543–561
Murray L, Cooper PJ (1997) The role of infant and maternal factors in postpartum depression, mother-infant interactions, and infant outcomes. In: Murray L and Cooper PJ (eds) Postpartum depression and child development. The Guilford Press New York, pp 111–135
Murray L, Cooper PJ, Wilson A, Romaniuk H (2003) Controlled trial of the short- und long-term effect of psychological treatment of post-partum depression. 2. Impact on the mother-child relationship. Br J Psychiatry 182:420–427
O'Hara MW (1996) Rates and risk of postpartum depression – a meta-analysis. Int Rev Psychiatry 8:37–54
Papoušek H und Papoušek M (1987) Intuitive parenting: A dialectic counterpart to the infant's integrative competence. In: Osofsky JD (ed) Handbook of infant development, 2nd edition. Wiley, New York, pp 699–720
Papoušek M (1994) Vom ersten Schrei zum ersten Wort. Anfänge der Sprachentwicklung in der vorsprachlichen Kommunikation. Huber, Bern
Papoušek M (1997) Entwicklungsdynamik und Prävention früher Störungen der Eltern-Kind-Beziehung. Analytische Kinder- und Jugendlichenpsychotherapie 27:5–30
Papoušek M (1998) Das Münchner Modell einer interaktionszentrierten Säuglings-Eltern-Beratung und -Psychotherapie. In: Klitzing K (Hrsg) Psychotherapie in der frühen Kindheit. Vandenhoeck und Ruprecht, Göttingen, S 88–118
Papoušek M (2000) Einsatz von Video in der Eltern-Säuglings-Beratung und -Psychotherapie. Prax Kinderpsychol Kinderpsychiat 49:611–627
Papoušek M (2001) Wochenbettdepression und ihre Auswirkungen auf die kindliche Entwicklung. In: Braun-Scharm H (Hrsg) Depressionen und komorbide Störungen bei Kindern und Jugendlichen. Wissenschaftliche Verlagsgesellschaft, Stuttgart
Papoušek M und Papoušek H (1990) Intuitive elterliche Früherziehung in der vorsprachlichen Kommunikation. Sozialpädiatrie in Praxis und Klinik 12, 7:521–527
Papoušek M, Sehieche M, Wurmser H (2004) Frühe Risiken und Hilfen im Entwicklungskontext der Eltern-Kind-Beziehungen. Huber, Bern
Reck C, Baekenstraß M, Möhler E, Hunt A, Resch F, Mundt C (2001) Mutter-Kind-Interaktion und postpartale Depression. Theorie und Empirie im Überblick. Psychotherapie 6:171–186

Riecher-Rössler A (1997) Psychische Störungen und Erkrankungen nach der Entbindung. Fortschr Neurol Psychiat 65:97–107

Riordan D, Appleby L, Faragher B (1999) Mother-infant interaction in post-partum women with schizophrenia and affective disorders. Psychol Med 29:991–995

Robert-Tissot C, Cramer B, Stern D, Rusconi-Serpa S, Bachmann J, Palacio-Espasa F, Knauer D, Muralt M, Berney C, Mendiguren G (1996) Outcome evaluation in brief mother-infant psychotherapies: report on 75 cases. Infant Mental Health Journal 17:97–114

Roder V, Brenner H, Kienzle N, Hodel B (1988) Integriertes psychologisches Therapieprogramm für schizophrene Patienten. Psychologie Verlags Union, Weinheim

Roder V, Zorn P, Andres K, Pfammatter M, Brenner HD (2002) Praxishandbuch zur verhaltenstherapeutischen Behandlung schizophren Erkrankter. Hans Huber, Bern, S 55–64

Rohde A (2014) Postnatale Depressionen und andere psychische Probleme. Ein Ratgeber für betroffene Frauen und Angehörige. Kohlhammer Verlag, Stuttgart

Rohde A, Dorsch V, Schaefer C (2015) Psychisch krank und schwanger – geht das? Ein Ratgeber zu Kinderwunsch, Schwangerschaft, Stillzeit und Psychopharmaka. Kohlhammer Verlag, Stuttgart

Schneider I, Zietlow A (2023) Die Eltern-Kind-Beziehung im Kontext elterlicher psychischer Erkrankung –Möglichkeiten zur Intervention. Nervenarzt 94:822–826

Schramm E (1996) Interpersonelle Psychotherapie. Schattauer, Stuttgart

Seer P (1979) Psychological Control of Essential Hypertension: Review of the Literature and Methodological Critique. Psychological Bulletin, 86(5):1015–1043

Selye H (1981) Geschichte und Grundzüge des Stresskonzepts. In: Nitsch JR (Hrsg) Stress: Theorien, Untersuchungen, Maßnahmen. Hans Huber, Bern

Snellen M, Mack K, Trauer T (1999) Schizophrenia, mental state and mother-infant interaction. Examining the relationship. Austr NZ J Psychiatry 33:902–911

Stern D (1992) The interpersonal world of the infant. Basic Books, New York. Dt: Die Lebenserfahrung des Säuglings. Klett-Cotta, Stuttgart

Stern D (1995) Die Mutterschaftskonstellation. Klett-Cotta, Stuttgart

Stuart S, O'Hara MW, Gorman L (2003) The prevention and psychotherapeutic treatment of postpartum depression. Arch Womens Ment Health 6(Suppl. 2):57–69

Thiel-Bonney C (2002) Beratung von Eltern mit Säuglingen und Kleinkindern. Psychotherapeut 47:381–384

Tronick EZ, Cohn JF (1989) Infant-mother face-to-face interactions: Age and gender differences in coordination and the occurence of miscoordination. Child Dev 60:85–92

Tronick EZ (2003) Stimmungen des Kindes und die Chronizität depressiver Symptome: Der einzigartige schöpferische Prozess des Zusammenseins führt zu Wohlbefinden oder in die Krankheit. Teil 1: Der Prozess der normalen Entwicklung und die Ausbildung von Stimmungen. Zeitschrift für Psychosomatische Medizin und Psychotherapie 49(4):408–24

Wagner-Link A (1995) Verhaltenstraining zur Stressbewältigung. Pfeiffer, München

Weidner K, Bartmann C, Leinweber J (2023) Traumatische Geburt und traumasensible Geburtsbegleitung. Nervenarzt 94:811–820

Weinberg MK, Tronick EZ (1998) The impact of maternal psychiatric illness on infant development. J Clin Psychiatry 59:53–61

Wisner KL Peindl KS, Giglotti T, Hanusa BH (1999) Obsessions and compulsions in women with postpartum depression. J Clin Psychiatry 60:176–180

Wunderlich U, Wiedemann G, Buchkremer G (1996) Sind psychoziale Interventionen bei schizophrenen Patienten wirksam? Eine Metaanalyse. Verhaltenstherapie 6:4–13

Zero to Three. Diagnostische Klassifikation: 0–3. Seelische Gesundheit und entwicklungsbedingte Störungen bei Säuglingen und Kleinkindern (1999). National Center for Infants, Toddlers and Families (Hrsg) Übersetzung: Dunitz-Scheer M, Scheer P. Springer, Wien

Ziegenhain U, Wijnroks L, Derksen B, Dreisörner R (1999) Entwicklungspsychologische Beratung bei jugendlichen Müttern und ihren Säuglingen: Chancen früher Förderung der Resilienz. In: Opp G, Fingerle M, Freytag A (Hrsg) Was Kinder stärkt. Erziehung zwischen Risiko und Resilienz. Reinhardt, München, S 142–163

Zum Ein- und Nachlesen in die Entwicklung von Kindern bzw. in wesentliche Merkmale der Mutter-Kind-Interaktion empfehlen wir folgende Bücher:

Dornes M (1993) Der kompetente Säugling. Fischer, Frankfurt
Largo R (2002) Babyjahre. Piper, München
Papoušek M, Schieche M, Wurmser H (Hrsg) (2004) Regulationsstörungen der frühen Kindheit. Frühe Risiken und Hilfen im Entwicklungskontext der Eltern-Kind-Beziehungen. Hans Huber, Bern
Stern D (1992) Die Lebenserfahrung des Säuglings. Klett-Cotta, Stuttgart

Anhang

Beispiele für die als Zusatzmaterial enthaltenen Arbeitsblätter:

Wortmann-Fleischer u. a.: Postpartale psychische Störungen
Arbeitsblatt »Stressbewältigungsstrategien« (Stunde 5)

Meine persönlichen Bewältigungsstrategien

© 2025 W. Kohlhammer GmbH

Abb. 01: Stressbewältigungsstrategien (Stunde 5)

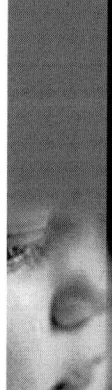

Wortmann-Fleischer u. a.: Postpartale psychische Störungen
Arbeitsblatt »Beruhigungstechniken« (Stunde 7)

Meine persönlichen Beruhigungstechniken im Umgang mit meinem Kind

© 2025 W. Kohlhammer GmbH

Abb. 02: Beruhigungstechniken (Stunde 7)

Stichwortverzeichnis

A

Achtsamkeit   26
Affektspiegelung   33

B

Beruhigungstechniken   33, 65, 67–69
Beschreibende Sprache   35, 56, 58, 59
Biopsychosoziales Modell   43

D

Depressionen   37
Depressionsmodell   38

E

Entwicklungspsychologische Themen   31, 44

F

Feinfühligkeit   34, 61
Folgen   35, 56, 58, 59
Führen   34, 56, 58, 60

I

Indikationen   44

K

Kompetenzen, intuitive (elterliche)   33, 61
Kontingenz   35
Krisenplan   37, 106, 107

M

Matching   35, 84–86, 89, 91
Mindful Parenting   26

Mutter-Kind-Interaktionsstörungen   32
Mutterschaft   54
Mutterschaftskonstellation   20, 31

P

Postpartale Störungen   19
– Angst-Zwangsstörungen   20
– Depressionen   20
– Psychosen   20

R

Rezidivprophylaxe   37, 55
Rollenbilder   30, 54, 58
Rollenwechsel   51

S

Selbstwirksamkeit   35
Stress   37, 71
– Stressbewältigungsstrategien   80, 81, 83
– Stressmanagement   80
– Stressreaktionen   72
– Vulnerabilitäts-Stress-Modell   37, 72
Stressfaktoren und Stressbewältigungsstrategien   36

T

Therapeutische Techniken   46
Therapiebausteine   25
– Psychoedukation   26
– Rollenwechsel und Übergang in die Mutterschaft   28
– Strategien zur Bewältigung negativer Gefühle   28
– Stressmanagement   26
– Unterstützung mütterlicher Kompetenzen   27

V

Väter 22, 25
Vaterrolle 22, 25

W

Wahrnehmung positiver Gefühle 36, 95

Z

Zielgruppe 24